Gütersloher Taschenbücher/Siebenstern 1052

MICHEL QUOIST

Herr
da
bin ich

GEBETE

GÜTERSLOHER VERLAGSHAUS
GERD MOHN

Ins Deutsche übertragen von Dr. Ludwig Reichenpfader
Das französische Original
trägt den Titel »Prières« und ist bei
»Les Éditions Ouvrières« in Paris herausgekommen

CIP-Kurztitelaufnahme der Deutschen Bibliothek

Quoist, Michel:
Herr da bin ich: Gebete/Michel Quoist.
[Ins Dt. übertr. von Ludwig Reichenpfader]. –
Gütersloh: Gütersloher Verlagshaus Mohn, 1982. –
(Gütersloher Taschenbücher Siebenstern; 1052)
Einheitssacht.: Prières ‹dt.›
ISBN 3-579-01052-2

NE: GT

ISBN 3-579-01052-2

Lizenzausgabe mit freundlicher Genehmigung des
Styra Verlages Graz Wien Köln
© Verlag Styra Graz Wien Köln 1959
Umschlagentwurf: Dieter Rehder, Aachen
Gesamtherstellung: Mohndruck Graphische Betriebe GmbH, Gütersloh
Printed in Germany

INHALT

Diese Gebete sind erlebt und gebetet worden, ehe sie aufgeschrieben wurden. Sie sind das täglich Gott dargebrachte Leben tätiger Christen. Diese Hingabe haben wir in Worte gekleidet, um sie allen anderen darzubringen, damit auch sie ihr Leben im Gebet leben und ihr Leben durch das Gebet verklären. Alle angeführten Tatsachen sind unbedingt echt.

Gott beginnt täglich von neuem sein Gespräch mit dem Menschen. Deshalb haben wir am Anfang dieses Buches versucht, nach dem Beispiel Peguys Gott selbst sprechen zu lassen.

Aber der christliche Streiter darf sich nicht bloß gedanklich vorstellen, was Gott ihm sagt; das wäre zu wenig. Er muß ihn ganz real sprechen hören, in seinem Leben und im Leben dieser Welt. Gott wendet sich an uns durch alle Geschehnisse, selbst durch die unbedeutendsten. Das ist der Sinn der sehr kurzen Gebete, von denen wir einige angeführt haben, damit wir den Herrn auf jedem Schritt unserer menschlichen Wege treffen können.

Man darf jedoch Gott nicht nur so im Vorbeigehen bitten; wir müssen lernen, vor ihm stehenzubleiben, um mit ihm gründlicher über unser Leben zu sprechen. So erzählt das Kind, das für kurze Zeit weggegangen ist, ausführlich seinem Vater die Einzelheiten seiner Wanderungen. Wir haben diese Zeichen der Freundschaft in längere Gebete gekleidet. Ausgehend von einem Gegenstand, einer Person, einem Geschehnis, soll jedes dieser Gebete eine Erhellung des Glaubens auf einem Sektor des täglichen Lebens bringen. Wer sich die Mühe nimmt, ernsthaft vor Gott nachzudenken, wird wahrnehmen, daß in diesen Gebeten ein ständiger Anruf liegt, sich für unsere Brüder, die Menschen, hinzugeben. Da, wo der Vater uns hingestellt hat, müssen wir leben und kämpfen, damit sein Reich der Gerechtigkeit und Liebe sich verwirkliche. Das ist nämlich der eigentliche Sinn unseres christlichen Lebens, und nicht etwa unser Belieben.

Manche dieser Gebete werden vielleicht den einen oder anderen verlegen machen: die Versuchung, die beunruhigenden Seiten zu überschlagen und so die Fragen loszuwerden, die Gott ihnen darin stellt, ist groß. Wir bitten, dieser Versuchung mutig zu widerstehen. Es ist besser, im Leben auf die Einladung Gottes zu hören, als im Jenseits sein Verdammungsurteil zu vernehmen.

Wie und was wir beten, enthüllt oft die Entwicklung unserer Hingabe an die anderen und unserer Freundschaft mit Christus. Wir haben Gebete zusammengestellt, die diese Entwicklung in etwa darstellen; sie werden die Christen auf ihrem manchmal sehr dunklen Wege der vollen Hingabe erleuchten.

Mehr noch: Christus, der sich für ihn dahingegeben hat, auf seinem Leidensweg zu folgen, ist eine wesentliche Forderung an den, der seinen Gott liebt. Trotzdem haben wir sehr gelitten und manchesmal gelächelt über die Ausdrücke, die in den Kreuzwegandachten unserer Väter gebraucht wurden. So möchten wir versuchen, mit Hilfe der alltäglichen Worte einen ganz einfachen Kreuzweg zu schreiben. Auch unsere Worte werden schnell vergehen; das wissen wir. Doch was macht das aus! Die gepflückte Blume verwelkt, aber andere blühen wieder auf, und andere werden sie pflücken.

Wohlgemerkt, diese Gebete kann man nicht lesen wie einen Roman. Sie sind absichtlich sehr verschieden gehalten. Sie möchten auf die verschiedenen Situationen antworten, in denen sich das Leben der tätigen Christen bewegt, und sollen ihnen helfen, beim Beten von ihrem konkreten Leben auszugehen. Man könnte aber auch gelegentlich den einen oder anderen Text zur Erläuterung eines Vortrages oder als Abschluß einer abendlichen Zusammenkunft verwenden.

Schließlich haben wir den Gebeten einen oder mehrere Schrifttexte vorangestellt, um die Leser, wenn sie es nicht vorher schon getan haben, anzuregen, im Evangelium die Nahrung für ihr tägliches Leben zu finden. So sind Evangelium und Leben vereinigt und unterstützen sich gegenseitig; denn sie sind die beiden Ebenen, auf denen Gott zu uns spricht.

Mögen die Leser dieser Seiten Gott hören und ihm antworten. Bei der Niederschrift erfüllte uns nur eine Hoffnung: das außerordentliche Zwiegespräch des Menschen mit seinem Gott anzuregen.

Le Havre, 18. Juni 1954   Michel Quoist

WENN WIR VERSTÜNDEN,
AUF GOTT ZU HORCHEN...

Wenn wir verstünden, auf Gott zu horchen, könnten wir ihn zu uns sprechen hören. Gott spricht wirklich. Er hat durch sein Evangelium gesprochen, er spricht auch durch das Leben dieses neue Evangelium, von dem wir, wir selber, jeden Tag eine Seite schreiben. Aber weil unser Glaube zu schwach ist und unser Leben zu menschlich, nehmen wir selten die Botschaft Gottes auf. Um uns zu helfen, sie zu hören, mögen wir uns am Anfang unseres Lebens der Freundschaft mit Christus vorstellen, was er uns sagen würde, wenn er selbst sein Evangelium für die Menschen unseres Zeitalters erklären würde.

Sie brachten Kinder zu ihm, daß er sie berühren möchte. Die Jünger aber fuhren die, welche sie herbrachten, hart an. Als nun Jesus das sah, ward er unwillig und sprach zu ihnen: Lasset die Kinder zu mir kommen und wehret es ihnen nicht; denn für solche ist das Reich Gottes. Wahrlich, ich sage euch: Wer das Reich Gottes nicht aufnimmt wie ein Kind, wird in dasselbe nicht eingehen (Markus 10, 13—15).

Ich liebe die Kinder, sagt Gott, ich will, daß alle ihnen gleichen.

Ich liebe nicht die Alten, sagt Gott, es sei denn, sie wären noch Kinder.

Außerdem will ich nur Kinder in meinem Reiche, das ist beschlossen seit ewig.

Verschrumpfte Kinder, bucklige Kinder, verrunzelte Kinder, weißbärtige Kinder, alle Arten von Kindern, die ihr wollt; aber Kinder, nichts als Kinder.

Da gibt es kein Zurück mehr; das ist beschlossen, es gibt keinen Platz für die anderen.

Ich liebe die kleinen Kinder, sagt Gott, weil mein Bild in ihnen noch nicht getrübt ist.

Sie haben mein Ebenbild nicht verpfuscht, sie sind neu, rein, ohne Fehl und Tadel.

Wenn ich mich mild ihnen zuneige, so finde ich mich in ihnen wieder.

Ich liebe die Kinder, weil sie noch fähig sind, größer zu werden, weil sie noch fähig sind, sich zu erheben. Sie sind unterwegs, auf dem Wege.

Aus den Erwachsenen aber, sagt Gott, ist nichts mehr herauszuholen.

Sie werden nicht mehr größer, sie erheben sich nicht mehr.

Sie sind steckengeblieben.

Das ist ein Unglück, sagt Gott, die Erwachsenen meinen, sie seien schon angekommen.

Ich liebe die großen Kinder, sagt Gott, weil sie noch fähig sind zu kämpfen, weil sie noch Sünden begehen.

Nicht weil sie sie begehen, sagt Gott, versteht mich recht, sondern weil sie wissen, daß sie sie begehen, und weil sie das sagen und weil sie sich bemühen, sie nicht mehr zu begehen.

Die Erwachsenen aber, sagt Gott, liebe ich nicht; sie haben nie jemandem ein Leid zugefügt, sie finden nichts Tadelnswertes an sich.

Ich kann ihnen nichts verzeihen; es gibt nichts, das man ihnen verzeihen könnte.

Das ist herzzerreißend, sagt Gott, das ist herzzerreißend, weil es nicht wahr ist.

Vor allem aber, sagt Gott, oh, vor allem, liebe ich die Kinder ob ihres Blickes. Da lese ich ihr Alter ab.

In meinem Himmel wird es höchstens Augen von Fünfjährigen geben; denn ich kenne nichts Schöneres als einen reinen Kinderblick.

Das ist nicht erstaunlich, sagt Gott. Ich wohne bei ihnen, und ich bin es, der sich aus den Fenstern ihrer Seele beugt.

Wenn ein reiner Blick euch begegnet, dann bin ich es, der euch durch das Sinnfällige zulächelt.

Im Gegensatz dazu aber, sagt Gott, kenne ich nichts Traurigeres als erloschene Augen im Antlitz eines Kindes.

Die Fenster sind offen, aber das Haus ist leer. Zwei schwarze Löcher, aber kein Licht mehr; zwei Augen, aber kein Blick mehr.

Und ich stehe traurig an der Türe, und friere, und warte, und klopfe. Ich möchte schnell hinein.

Und der andere ist allein: das Kind.

Es verschließt sich, es verhärtet sich, es verdorrt, es wird alt. Armer Alter, sagt Gott!

*

Alleluja, Alleluja, sagt Gott, macht auf, all ihr kleinen Alten.

Es ist euer Gott, es ist der Ewige, auferweckt, um in euch das Kind aufzuwecken.

Beeilt euch, der Augenblick ist da; ich bin bereit, euch wieder ein schönes Kindergesicht zu machen, einen schönen Kinderblick . . .

Denn ich liebe die Kinder, sagt Gott, und ich will, daß alle ihnen gleichen.

Die Jungfrau Maria ist mit ihrem Leib in den Himmel aufgefahren. Darin besteht das Geheimnis ihrer Aufnahme in den
Himmel. Unserem Zeitalter kommen der Ruhm und die Freude
zu, die Verkündigung dieses Dogmas vernommen zu haben.
Wir haben einen aus unserem Geschlecht, einen Bruder, der
Gott ist. Wir haben eine Frau aus unserer Mitte, eine
Schwester, die Gottes Mutter ist. Und der Sohn und die Mutter
schauen vereint mit Leib und Seele auf uns, lieben uns und erwarten uns in der ewigen Freude.

*Der Engel trat bei ihr ein und sprach: Sei gegrüßt, du Gnaden-
volle! Der Herr ist mit dir (Lukas 1, 18).*

*Da sprach Maria: Hoch preist meine Seele den Herrn, und
mein Geist frohlockt in Gott, meinem Heiland. Denn er hat
herabgeschaut auf seine kleine Magd. Siehe, von nun an
werden alle Geschlechter mich seligpreisen. Denn Großes hat
an mir getan, der mächtig und dessen Name heilig ist (Lukas
1, 46—49).*

Meine schönste Erfindung, sagt Gott, ist meine Mutter.
Es hat mir eine Mutter gefehlt und ich habe sie geschaffen.
Ich habe meine Mutter geschaffen, ehe sie mich trug. Das war
    sicherer.
Jetzt bin ich in Wahrheit ein Mensch wie alle anderen
    Menschen.
Ich brauche sie um nichts mehr zu beneiden, denn ich habe
    eine Mutter. Eine richtige.
Das hatte mir gefehlt.

Meine Mutter heißt Maria, sagt Gott.
Ihre Seele ist ganz rein und voll der Gnade.
Ihr Leib ist jungfräulich und strahlt einen solchen Lichtglanz
    aus, daß ich auf Erden nie müde geworden bin, sie an-
    zuschauen, ihr zuzuhören und sie zu bewundern.
Sie ist schön, meine Mutter, so schön, daß ich mich bei ihr nie

heimatlos gefühlt habe, als ich den Glanz des Himmels verließ.

Ich weiß gar wohl, sagt Gott, was es heißt, von Engeln getragen zu werden; aber glaubt mir, das wiegt die Arme einer Mutter nicht auf.

Meine Mutter Maria ist gestorben, sagt Gott. Seit ich in den Himmel aufgefahren war, fehlte sie mir, und ich fehlte ihr.

Sie ist mir nachgefolgt mit ihrer Seele, mit ihrem Leib, direkt.

Ich konnte nicht anders handeln. Das gehörte sich. Das mußte so sein.

Die Finger, die Gott berührt hatten, konnten nicht erstarren.

Die Augen, die Gott betrachtet hatten, konnten nicht geschlossen bleiben.

Die Lippen, die Gott geküßt hatten, konnten nicht erkalten.

Dieser lautere und reine Leib, der für Gott einen Leib bereitet hatte, konnte nicht verwesen, sich nicht mit dem Erdenstaub mischen.

Ich habe es nicht gekonnt; das war nicht möglich, das hätte mich zuviel gekostet.

Gott hin — Gott her, ich bin ihr Sohn, und ich bin es, der befiehlt.

Und außerdem, sagt Gott, habe ich das ja auch um meiner Brüder, der Menschen, willen getan. Damit sie eine Mutter im Himmel hätten. Eine wirkliche Mutter, eine von ihnen, mit Leib und Seele. Die meine.

Das ist nun geschehen. Sie ist bei mir seit dem Augenblick ihres Todes. Ihrer Himmelfahrt, wie die Menschen sagen.

Die Mutter hat ihren Sohn wiedergefunden und der Sohn seine Mutter. Mit Leib und Seele, eins an Seite des anderen, ewiglich. Wenn doch die Menschen die Schönheit dieses Geheimnisses erahnten!

Sie haben es schließlich offiziell anerkannt. Mein Stellvertreter auf Erden, der Papst, hat es feierlich verkündet.

Das macht Freude, sagt Gott, wenn man seine Geschenke wertgehalten sieht. Seit jener Zeit, wo das christliche

Volk dieses große Geheimnis meiner Kindes- und Bruderliebe zu erahnen begonnen hat . . .

Jetzt sollten sie noch mehr Nutzen daraus ziehen, sagt Gott!
Im Himmel haben sie eine Mutter, die ihnen mit den Augen
folgt, mit ihren leiblichen Augen.
Im Himmel haben sie eine Mutter, die sie liebt von ganzem
Herzen, mit ihrem leiblichen Herzen.
Und diese Mutter ist die meine, die mich anblickt mit denselben Augen, die mich liebt mit demselben Herzen.
Wenn die Menschen schlau wären, würden sie das ausnützen;
sie dürften eigentlich nicht mehr daran zweifeln, daß ich
ihr nichts abschlagen kann . . . Was wollt ihr denn, es
ist ja meine Mutter. Ich habe sie gewollt. Ich beklage
mich nicht darüber.
Eines gegenüber dem anderen, mit Leib und Seele, Mutter
und Sohn.
Ewiglich Mutter und Sohn . . .

Man muß Christus betrachten, wie er auf den Kalvarienberg hinaufsteigt. Man muß mit ihm die Stationen seines Kreuzweges wiedererleben, um ganz durchdrungen zu werden von seiner Liebe zu uns. Aber die Passion ist nicht „vollendet". Einmal wurde sie von Christus erlebt, der vor zweitausend Jahren alle Sünden und Leiden der Menschen auf sich nahm. Jetzt ist sie verteilt in der Welt, und sie wird es sein bis zum Ende der Zeiten. Christus, der in seinen Gliedern lebt, setzt für uns unter unseren Augen das Leiden und Sterben fort. Der Kreuzweg führt durch unsere Bezirke und Städte, durch unsere Krankenhäuser und Fabriken; er führt über die Straßen des Elends und des Leidens in allen ihren Formen; und er führt über die Schlachtfelder.

Vor diesen Stationen müssen wir betrachten und beten, damit wir vom leidenden Christus die Kraft erhalten, ihn so sehr zu lieben, daß wir handeln können.

Nun freue ich mich der Leiden für euch. Ich will das an meinem Fleische ergänzen, was an den Leiden Christi noch fehlt für seinen Leib, die Kirche (Kolosserbrief 1, 24).

„Ich werde im Todeskampf liegen bis ans Ende der Zeiten", sagt Gott.
Ich werde gekreuzigt werden bis ans Ende der Zeiten.
Die Christen, meine Kinder, haben anscheinend keine Ahnung davon.
Ich werde gegeißelt, geschlagen, geviertelt, gekreuzigt; ich sterbe vor ihren Augen, und sie wissen es nicht, sie sehen nichts, sie sind blind.
Sie sind gar keine wahren Christen; denn sonst würden sie sich nicht des Lebens freuen, während ich sterbe.

Herr, sagt der Mensch, ich begreife nicht; das ist nicht möglich, Du übertreibst.
Ich würde Dich verteidigen, wenn man Dich angriffe.
Ich wäre an Deiner Seite, wenn Du im Todeskampf wärest.

Herr, ich liebe Dich!

Das ist nicht wahr, sagt Gott. Die Menschen täuschen sich.
Sie behaupten, daß sie mich lieben; sie glauben es, sie sind oft
ganz ehrlich; ich will das gerne zugeben, aber sie gehen
schrecklich in die Irre. Sie begreifen nicht, sie sehen nicht.
Sie haben allmählich alles verunstaltet, ausgedorrt und entleert.
Sie meinen, mich zu lieben, weil sie einmal im Monat mein
Heiligstes Herz verehren;
Liebe ich sie denn nur zwölfmal im Jahr?
Sie meinen, mich zu lieben, weil sie regelmäßig ihre Andach-
ten verrichten, weil sie an einem Segen teilnehmen, weil sie
am Freitag fasten, weil sie eine Kerze anzünden oder vor
einem Bild meines Heiligsten Herzens ein Gebet hersagen.

Ich bin doch nicht aus Gips, sagt Gott, noch aus Stein oder
Bronze.
Ich bin aus lebendigem, zuckendem, leidendem Fleisch.
Ich bin unter ihnen, und sie haben mich nicht erkannt.
Ich bin schlecht bezahlt, ich bin arbeitslos, ich hause in einer
Elendswohnung, ich bin tuberkulös, ich schlafe unter den
Brücken, ich bin im Gefängnis, ich werde ausgebeutet.
Ich habe ihnen gesagt: „Was ihr' dem Geringsten meiner
Brüder tut, das habt ihr mir getan . . ." Das ist doch
klar genug.
Das Schlimmste ist, daß sie das wissen. Aber sie nehmen es
nicht ernst.
„Sie haben mein Herz durchbohrt", sagt Gott, „und ich habe
gewartet, ob einer Mitleid mit mir hätte, aber es fand
sich keiner."

Ich friere, sagt Gott, ich habe Hunger, ich bin nackt.
Ich bin eingesperrt, ich werde geohrfeigt und gedemütigt.
Aber das ist eine kleine Passion, damit ich mich so ans Leiden
gewöhne.
Denn, sagt Gott, die Menschen haben schrecklichere Prüfun-
gen erfunden.
Prunkend mit ihrer Freiheit, schrecklich prunkend mit ihrer
Freiheit,

Haben sie erfunden... — „Verzeih ihnen, Herr, sie wissen
nicht, was sie tun" —
Haben sie den Krieg erfunden, den wirklichen;
Haben sie die Passion erfunden, die wirkliche.

Denn ich bin überall, wo Menschen sind, sagt Gott.
Seit jenem Tage, da ich mich bei ihnen eingeschlichen habe,
gesandt im Auftrag, bei allen, für alle.
Seit jenem Tage, da ich mich endgültig entäußert habe in
dem Versuch, sie zu sammeln, sie zu vereinigen.
Nun bin ich reich und bin ich arm, Arbeiter und Arbeit-
geber.
Ich bin in der Gewerkschaft und ich bin nicht organisiert, ich
bin ein Streikender und Streikbrecher; denn die Men-
schen lassen mich, ach, alle Geschäfte verrichten.
Ich bin auf seiten der Aufrührer und auf seiten der Polizei;
denn die Menschen machen aus mir, ach, sogar einen
Polizisten.
Ich bin bei der Linken und ich bin bei der Rechten und ich
bin bei der Partei der Mitte.
Ich bin diesseits und jenseits des Eisernen Vorhanges.
Ich bin Deutscher und Franzose, Russe und Amerikaner.
Ich bin Nordkoreaner und Südkoreaner, ich bin National-
chinese und Rotchinese, ich bin in Vietnam und in Viet-
minh.
Ich bin überall, wo Menschen sind, sagt Gott.

Sie haben mich akzeptiert, sie besitzen mich, die Verräter!
Sei gegrüßt, Meister!
Und nun bin ich bei ihnen, mit ihnen, einer von ihnen, sie.
Nun aber seht, was sie aus mir gemacht haben...
Sie geißeln mich, sie vierteilen mich, sie kreuzigen mich,
Sie zerreißen mich, indem sie sich gegenseitig zerreißen;
Sie töten mich, indem sie sich gegenseitig umbringen.
Die Menschen haben den Krieg erfunden...
Ich gehe mit den Minen in die Luft, ich verröchle in den
Löchern,
Ich stöhne auf, durchsiebt von Granatsplittern, ich breche
unter den Garben des Maschinengewehrs zusammen.

Ich schwitze Menschenblut auf allen Kriegsschauplätzen,
Ich schreie Menschenschreie in der Nacht der Schlachten,
Ich sterbe Menschentode in der Einsamkeit der Schlachten.
O Erde der Vernichtung, unermeßliches Kreuz, darauf mich
    die Menschen jeden Tag niederlegen.
War das Holz von Golgotha nicht genug?
Bedurfte es noch dieses unermeßlichen Altares für mein Lie-
    besopfer.
Während rings um mich die Menschen lachen, singen, tanzen
    und, Gipfel der Tollheit, mich kreuzigen bei schallendem
    Gelächter?

*

Genug, Herr! Hab Erbarmen!
Ich will das nicht! Ich bin das nicht!

Doch, mein Kind, du bist es.
Du bist es und alle deine Brüder, denn
    man braucht mehr als einen Hammerschlag, um einen
    Nagel einzuschlagen,
    man braucht mehr als einen Geißelhieb, um die Schul-
    tern zu zerfetzen,
    man braucht mehr als einen Dorn, um eine Krone zu
    flechten,
    und du gehörst zu dieser Menschheit, die in ihrer Ge-
    samtheit mich verurteilt.
Was macht es, ob du zu jenen gehörst, die zuschlagen, oder zu
    jenen, die gaffen, zu jenen, die die Tat ausführen, oder
    zu jenen, die sie geschehen lassen.
Ihr seid alle schuldig: Täter und Zuschauer.
Vor allem aber, mein Kind, solltest du nicht zu jenen gehören,
    die schlafen, zu jenen, die noch schlafen können ... in
    Frieden. Schlafen! ...
Es ist schrecklich, zu schlafen!
„Könnt ihr nicht eine Stunde mit mir wachen?"
Wohlan, knie nieder, mein Kind. Hörst du den Schlachten-
    lärm?
Das ist die Glocke, die läutet,
Das ist die Messe, die beginnt,
Gott stirbt für dich, gekreuzigt von den Menschen.

WENN WIR VERSTÜNDEN,
DAS LEBEN ZU BETRACHTEN...

Wenn wir verstünden, das Leben zu betrachten mit den Augen Gottes, würden wir sehen, daß in der Welt nichts Profanes ist, sondern daß im Gegenteil alles Anteil hat am Aufbau des Gottesreiches.

So heißt glauben nicht nur, die Augen zu Gott erheben und ihn betrachten, es heißt auch, die Erde anschauen — aber mit den Augen Christi.

Wenn Christus unser ganzes Wesen durchdrungen hätte, wenn unser Blick rein genug wäre, wäre die Welt für uns kein Hindernis mehr, sondern eine ständige Einladung, für den Vater zu arbeiten, damit sich in Christus sein Reich verwirkliche, auf Erden wie im Himmel.

Wer verstehen will, das wahre Leben zu betrachten, muß Gott um den wahren Glauben bitten.

*Gelobt sei Gott, der Vater unseres Herrn Jesus Christus, der
uns in Christus gesegnet hat mit allem geistlichen Segen vom
Himmel aus. In ihm hat er uns ja auserwählt vor Grundlegung
der Welt, daß wir heilig und untadelhaft vor Ihm seien in
Liebe. Er hat uns vorherbestimmt, daß wir in ein Kindes-
verhältnis zu ihm treten sollen durch Jesus Christus (Epheserbrief 1, 3—5).*

*Denn er hat uns das Geheimnis seines Willens kundgetan. So
hat es ihm nämlich gefallen, und so hatte er es sich vorgenommen, um seinen Heilsplan zu verwirklichen in ihm in
der Fülle der Zeiten: In Christus wollte er alles im Himmel
und auf Erden wieder einheitlich zusammenfassen (Epheserbrief 1, 9—10).*

Ich möchte sehr hoch emporsteigen, Herr,
Über meine Stadt,
Über die Welt,
Über die Zeit,
Ich möchte meinen Blick reinigen und mir Deine Augen
leihen.

*

Dann würde ich das Weltall, die Menschheit, die Geschichte
sehen, wie der Vater sie sieht.
Ich würde in dieser wunderbaren Umwandlung des Stoffes,
In diesem immerwährenden Gebrodel des Lebens
Deinen großen Leib sehen, wie er geboren wird unter dem
Hauch des Geistes.
Ich würde den schönen, den ewigen Gedanken der Liebe
Deines Vaters sehen, wie er fortschreitend verwirklicht:
Alles in Dir als dem Haupte zusammenzufassen, was im
Himmel und auf der Erde ist.
Und ich würde sehen, daß, heute wie gestern, die kleinsten
Einzelheiten daran teilhaben,

Jeder Mensch auf seinem Platze,
Jeder Lebenskreis
Und jeder Gegenstand.
Ich würde diese Fabrik und jenes Kino sehen,
Die Diskussion über den Kollektivvertrag und die Grund-
steinlegung des Brunnens.
Ich würde sehen, wie der Brotpreis angeschlagen wird, und
die Schar der Jungen, die zum Balle gehen,
Das kleine Kind, das geboren wird, und den Greis, der stirbt.
Ich würde das kleinste Stoffteilchen sehen und den leisesten
Pulsschlag des Lebens,
Die Liebe und den Haß,
Die Sünde und die Gnade.
Ergriffen würde ich verstehen, daß vor mir sich das große
Abenteuer der Liebe abrollt, das am Morgen der Welt
begonnen hat,
Die Heilige Geschichte, die nach der Verheißung sich erst
in der Glorie nach der Auferstehung des Fleisches voll-
enden wird,
Wenn Du vor dem Vater erscheinst und sagst: Es ist voll-
bracht, Ich bin das Alpha und das Omega, der Anfang
und das Ende.
Ich würde begreifen, daß alles nur ein Ziel hat,
Daß alles nur eine selbe Bewegung der ganzen Menschheit
und des ganzen Weltalls zur Dreifaltigkeit hin ist, in
Dir und durch Dich, Herr.
Ich würde begreifen, daß es nichts Profanes gibt bei den Din-
gen, den Menschen und den Geschehnissen,
Daß vielmehr alles im Anfang durch Gott geheiligt ist,
Und daß alles ihm geweiht werden muß durch den vergött-
lichten Menschen.
Ich würde begreifen, daß mein Leben, dieser unmerkliche
Atemzug im Riesenkörper des Alls,
Ein unentbehrlicher Schatz ist im Plane des Vaters.
Dann würde ich auf den Knien, Herr, das Geheimnis dieser
Welt bewundern,
Die trotz der zahllosen und schrecklichen Versager der Sünde
Ein langer Herzschlag der Liebe ist hin zur ewigen Liebe.
Ich möchte sehr hoch emporsteigen, Herr,

Über meine Stadt,
Über die Welt,
Über die Zeit,
Ich möchte meinen Blick reinigen und mir Deine Augen
leihen.

...DAS GANZE LEBEN
WÜRDE ZUM SINNBILD

Wenn wir verstünden, mit den Augen
Gottes das Leben zu betrachten, würde das
ganze Leben zum Sinnbild, zu zahllosen Lie-
beserweisen des Schöpfers auf der Suche
nach der Liebe seines Geschöpfes. Der Vater
hat uns nicht auf die Welt geschickt, um
auf ihr mit niedergeschlagenen Augen her-
umzugehen, sondern um seiner Spur zu
folgen durch die Dinge, Geschehnisse und
Personen. Alles muß uns Gott offenbaren.
Es bedarf keiner langen Gebete, um Christus zuzulächeln in den kleinsten Kleinigkeiten eines täglichen Lebens. Die folgenden Zeilen möchten einige ganz einfache
Beispiele dieses Weges der Liebe zeigen.

Ich habe gerade abgehängt; warum hat er telephoniert?
Ach ja, Herr, . . . ich weiß.

Das kommt davon, daß ich viel gesprochen und wenig zugehört habe.

Verzeih, Herr, ich habe ein Selbstgespräch geführt und nicht
Zwiesprache gehalten.
Ich habe meine Gedanken aufgedrängt und nicht ausge-
tauscht.
Weil ich nicht zugehört habe, habe ich nichts erfahren.
Weil ich nicht zugehört habe, habe ich nichts gegeben.
Weil ich nicht zugehört habe, habe ich kein Band geknüpft.

Verzeih, Herr, denn ich war verbunden,
Und jetzt sind wir getrennt.

Die Schule ist modern.
Der Direktor beschreibt mir voll Stolz alle Annehmlichkeiten.
Der schönste Fund, Herr, ist wohl die grüne Tafel.
Die Gelehrten haben lange studiert, sie haben viele Erfahrun-
gen gesammelt,
Jetzt wissen wir, daß Grün die ideale Farbe ist, daß es die
Augen nicht ermüdet, daß es beruhigt und entspannt.

Herr, ich habe daran gedacht, daß Du nicht so lange Zeit
gewartet hast, um die Wiesen und Bäume grün zu
malen.
Deine Forschungsinstitute haben gut gearbeitet, und um uns
nicht zu ermüden, hast Du eine Menge Nuancen heraus-
geholt für Deine modernen Wiesen.
So bestehen die „glücklichen Funde" der Menschen im Entdecken dessen, was Du von aller Ewigkeit an gedacht
hast.

Danke, Herr! Du bist der gute Familienvater, der seinen
Kindern die Freude läßt, selber die Schätze seines Ver-
standes und seiner Liebe zu entdecken.
Aber bewahre uns davor, zu glauben, daß wir ohne eine Vor-
lage erfunden haben.

Die Eisendrähte geben sich rings um die Löcher die Hand,
    Damit sie den Kreis nicht sprengen, ergreifen sie fest das
    Handgelenk des Nachbarn,
Und so bilden sie mit den Löchern eine Schranke.

Herr, es gibt zahlreiche Löcher in meinem Leben.
Es gibt sie auch im Leben meiner Nachbarn.
Aber wenn Du willst, werden wir uns die Hand reichen.
Wir werden sehr fest fassen,
Und miteinander werden wir ein schönes Gitternetz bilden,
    um das Paradies darin einzurichten.

Er hat mir auf den Fuß getreten.
Ich habe ihn wütend angeschaut,
Er hat mich verdrossen angeschaut.

Und dann, Herr, habe ich gedacht, daß wir nicht ohne Grund
    alle zwei auf die Schwelle unserer Tür getreten sind.
Weil er geläutet hat, will ich ihm lächelnd öffnen.
Ich habe gelächelt,
Er hat gelächelt,
Und wir sind unter diesem Händedruck auseinandergegangen.

Danke, Herr, daß ich ihn getroffen habe.

Herr, ich habe meinem Freund die Hand gedrückt,
Und plötzlich, vor diesem traurigen und sorgenvollen Gesicht,
    spürte ich voll Angst, daß Du in seinem Herzen fehlst.
Ich bin ratlos, wie vor einem verschlossenen Tabernakel,
    wenn ich unsicher bin, ob Du in ihm wohnst.

Herr, wenn Du nicht wärest, wären wir getrennt.
Denn seine Hand in meiner Hand wäre nichts anderes als
    Fleisch auf Fleisch.
Und sein Herz wäre für meines das Herz eines Menschen für
    einen Menschen.
Ich will Dein Leben für ihn ebenso wie für mich,
Denn ich möchte, daß mein Freund dank Deiner Gnade mein
    Bruder sei.

Der Maurer legte den Ziegelstein auf das Zementbett,
Warf ihm mit einem sicheren Schwung seiner Kelle eine
    Decke über,
Und ohne ihn weiter zu fragen, legte er einen neuen Ziegel-
    stein darauf.
Zusehends wuchsen die Grundmauern empor;
Das Haus sollte hoch und fest werden, um Menschen Schutz
    zu bieten.

Herr, ich habe an diesen armen Ziegelstein gedacht, der be-
    graben liegt im Dunkel am Fuße des großen Baues.
Niemand sieht ihn; er aber tut seine Arbeit, und die anderen
    brauchen ihn.
Herr, was macht es aus, ob ich am First des Hauses bin oder
    in den Grundmauern, wenn ich nur getreu bin, dort an
    meinem Platz in Deinem Bauwerk.

Einen Augenblick hat die Mutter den Kinderwagen stehen-
lassen, und ich bin herangetreten, um der lebenden Heiligen Dreifaltigkeit in der reinen Seele zu begegnen.
Das Kind schläft, die Ärmchen liegen wie durcheinander-
geworfen auf der kleinen gestickten Decke.
Die geschlossenen Augen schauen nach innen, und die Brust
hebt sich leise.
Es scheint, wie das Leben flüstert: das Haus ist bewohnt.

Herr, Du bist da.
Ich bete Dich an in diesem Kinde, das Dich noch nicht ent-
stellt hat.
Hilf mir, wieder Kind zu werden,
Dein Bild und Dein Leben wiederzufinden, die so tief ver-
graben liegen unter dem Schutt meines Herzens.

Ihnen fehlt die Scham.

Ich kann meinen Blick nicht auf die Mauer richten, ohne
sie zu streifen, denn sie drängen sich eins an das andere,
Zwillingsschwestern, miteinander im Bunde, um mir
wehzutun.

Ihre Farben sind verletzend, sie verwunden meine Augen,

Und in den Wunden schreiben sie ihre Namen ein, wie der
Tätowierer ins blutende Fleisch seine Zeichnungen sticht.

Herr, ebenso stelle ich mich zur Schau, oft und überall.

Verleihe mir, demütiger und zurückhaltender zu werden,

Und vor allem bewahre mich davor, mich aufzudrängen durch
erkünstelten Glanz;

Denn allein Dein Licht in mir, Herr, soll den Blick der anderen auf sich ziehen.

Psscht . . . bumm . . .

Die Tür ist zu.

Die mechanischen Messer haben aus der Menschenmasse auf
dem Bahnsteig so viel herausgeschnitten, wie eine Portion U-Bahn ausmacht.

Sie setzt sich in Bewegung.

Ich kann mich nicht rühren.

Ich bin nicht mehr Einzelwesen, sondern Masse,

Eine zusammenklebende Masse, die sich hin und her schiebt
wie eine Gallertpastete in einer etwas zu großen Dose.

Namenlose, indifferente Masse und vielleicht fern von Dir,
Herr.

Ich bin nur einer aus ihr, und ich begreife, warum es mir
manchmal hart ankommt, einzusteigen.

Diese Menge ist schwer: wie eine Bleisohle an meinen ohne-
dies so langsamen Füßen, wie allzu viele Fahrgäste in
meinem überfüllten Kahn.

Und dennoch, Herr, ich darf diese Leute nicht übersehen, sie
sind meine Brüder,

Ich kann mich nicht allein retten.

Herr, wenn Du es willst, werde ich mich retten, auch wo ich
Teil einer Menge bin.

Am Ende ihrer zwei gespannten Seile schaukelte er weich
hin und her.
Mit geschlossenen Augen, mit schlummerndem Willen horchte
er auf das Flüstern des Windes, der ihm ein Wiegenlied
sang und ihn sacht mit dem Finger stieß.
Und leise entflogen die Minuten dem Schaukler am Gerüst.

So, Herr, gehe ich in der Stadt umher wie auf einem riesigen
Jahrmarktplatz, wo die Menschen sich preisgeben, schau-
keln auf der Willkür des Lebens.
Manche geben sich lächelnd dem Vergnügen des Augenblicks
hin,
Andere verwünschen mit verkrampftem Gesicht den Wind,
der sie schüttelt und durcheinanderwirft.

Herr, ich möchte, daß sie sich erheben.
Ich möchte, daß sie mit starker Hand die Seile ergreifen, die
Du ihnen hinhältst.
Ich möchte, daß sie ihre kraftvollen Leiber anspannen, daß
sie ihre Muskeln härten und daß sie ihrem Leben die
Bewegung aufprägen, die sie erwählt haben;
Denn Du willst nicht, Herr, daß Deine Kinder sich leben
lassen, Du willst, daß sie leben.

Der Junge flog stolpernd über die Treppenstufe und die
  Türe knallte zu.
Da hatte er's nun.
Einen Augenblick überlegte er sich nochmal, was passiert war,
  und da er es entschieden nicht annehmen konnte, stürzte
  er sich zornig auf die empfindungslose Tür.
Er schlug sie, er boxte auf sie los, er stampfte und schrie.
Aber auf der Tür mit dem hölzernen Gesicht regte sich nicht
  eine Fiber.
Der Junge besann sich auf das Schlüsselloch, das ironische
  Auge dieser traurigen Tür.
Aber als er sich vorbeugte, sah er, daß das Auge geschlossen
  war.
Da setzte er sich verzweifelt hin und weinte.

Ich betrachtete ihn lächelnd und dachte, Herr, daß auch ich
  mich oft so erschöpfe vor verschlossenen Türen.
Ich will rechtfertigen, beweisen, überzeugen.
Und ich rede, ich schwinge Beweise.
Ich gebe mächtig an, um die Phantasie oder das Herz des
  anderen zu erreichen;
Aber der andere setzt mich höflich oder ungehalten vor die
  Tür, und ich vergeude meine Kraft, so stolz ich sein mag.

Gib mir, Herr, Ehrfurcht und Geduld,
Laß mich lieben und schweigend bitten
Und auf der Schwelle warten, bis der andere seine Türe
  öffnet.

...UND DAS GANZE LEBEN
WÜRDE ZUM GEBET

Wenn wir verstünden, auf Gott zu hören, wenn wir verstünden, das Leben zu betrachten, würde das ganze Leben zum Gebet. Denn das ganze Leben läuft unter dem Blicke Gottes ab, und alles, was der Mensch erlebt, soll er ihm freiwillig darbringen. Zunächst dienen die alltäglichen Worte als Bindeglieder zum Himmel. Das ist der Sinn der folgenden Seiten. Dann gehen wir alsbald über die Worte hinaus, wie man die Schalen einer Frucht wegwirft. Sie waren nur ein Mittel. Aber das schweigende Gebet, das die Worte flieht, darf nie die Verbindung mit dem Leben verlieren, denn das alltägliche Leben ist das erste Anliegen des Gebetes.

Man kann das Geld niemals ehrerbietig genug behandeln, denn die Mühsal, die es darstellt, hat Schweiß und Blut gekostet. Das Geld ist furchtbar, es kann dem Menschen dienen oder ihn zugrunde richten.

Euer Reichtum ist vermodert, eure Gewänder sind Mottenfraß geworden. Euer Gold und Silber ist verrostet; und ihr Rost wird Zeugnis wider euch sein... Sehet, der Lohn, den ihr den Arbeitern, die eure Felder eingeerntet haben, vorenthalten habt, er schreit, und der Schrei der Schnitter ist zu den Ohren des Herrn der Heerscharen gedrungen (Jakobusbrief 5, 2—4).

Verkauft eure Habe und gebt davon Almosen! Erwerbt euch Beutel, die nicht altern, einen Schatz im Himmel, der nicht abnimmt, an den kein Dieb kommt, den keine Motte zerfrißt. Denn wo euer Schatz ist, da wird auch euer Herz sein (Lukas 12, 33—34).

Herr, sieh diesen Geldschein, er macht mir Furcht.
Du kennst sein Geheimnis, Du kennst seine Geschichte.
Wie ist er schwer!

Er bedrückt mich, denn er redet nicht,
Er wird niemals erzählen, was er in seinen Falten birgt,
Er wird nie preisgeben, was er an Mühsal und Kämpfen
    bedeutet.
Er ist durchtränkt von menschlichem Schweiß,
Er ist befleckt von Blut, von Enttäuschung, von verspotteter
    Würde.
Er ist reich von der ganzen Last menschlicher Arbeiten, die
    er enthält und die ihm seinen Wert gibt.

Herr, er ist schwer, schwer.
Er bedrückt mich, er macht mir Furcht.
Denn er hat Tote auf dem Gewissen,

All die armen Kerle, die sich beim Akkord zu Tode geschunden haben um seinetwillen ...
Um ihn zu haben, um ihn für einige Stunden zu besitzen,
Um von ihm ein wenig Vergnügen, Freude, Leben zu erlangen ...

Durch wie viele Finger ist er gegangen, Herr?
Und was hat er getan auf seinen langen, verschwiegenen Wegen?

Er hat der strahlenden Braut weiße Rosen in den Arm gelegt,
Er hat die Taufgeschenke bezahlt und das rosige Kindlein ernährt.
Er legte das Brot auf den Familientisch.
Er hat das heitere Lachen der Jungen und die stille Freude der Alten erlaubt.
Er hat den Besuch des rettenden Arztes bezahlt,
Er hat das Buch geschenkt, das den Knaben belehrt.
Er hat die Jungfrau bekleidet.

Aber er hat auch den Abschiedsbrief geschickt.
Er hat den Mord des Kindes im Mutterschoß bezahlt.
Er teilte den Alkohol aus und schuf den Trunksüchtigen.
Er hat den Kindern den verbotenen Film vorgeführt und hat die geschmacklose Schallplatte aufgenommen.
Er hat den Jüngling verführt und den Erwachsenen zum Dieb gemacht.
Für ein paar Stunden hat er den Leib einer Frau gekauft.
Er bezahlte die Mordwaffe und die Sargbretter.

O Herr, ich bringe Dir diesen Geldschein dar,
in seinen freudvollen
und in seinen leidvollen Geheimnissen.
Ich sage Dir Dank für all das Leben und die Freude, die er geschenkt hat,
Ich bitte Dich um Verzeihung für das Böse, das er getan hat.
Vor allem aber, Herr, bringe ich ihn Dir dar für alle Menschenarbeit, für alle Menschenmühe, deren Symbol er ist und die — endlich — morgen, unvergängliche Münze geworden, umgewechselt werden in Dein ewiges Leben.

Der Leib ist Stoff, aber er ist ein Werk Gottes, und der Geist adelt ihn. Für einen Christen, der das Leben des Herrn in sich aufgenommen hat, wird sein Leib Tempel des Heiligen Geistes und Glied Christi. Das macht seine Würde aus. Wenn er vernachlässigt oder verspottet wird, so wird Gott selber beleidigt.

Wißt ihr nicht, daß ihr ein Tempel Gottes seid und der Geist Gottes in euch wohnt? Wer nun den Tempel Gottes vernichtet, den wird Gott vernichten, denn der Tempel Gottes ist heilig, und der seid ihr (1. Korintherbrief 3, 16—17).

Wenn jemand mich liebt, ... werden wir zu ihm kommen und Wohnung bei ihm nehmen (Johannes 14, 21).

Ihr aber seid Christi Leib, einzeln genommen dessen Glieder (1. Korintherbrief 12, 27).

Sehet, ich sage euch ein Geheimnis ... wir werden alle verwandelt werden ... Die Toten werden unverweslich auferstehen (1. Korintherbrief 15, 51—52).

Und das Wort ist Fleisch geworden (Johannes 1, 14).

Herr, ich schäme mich um dieser Zeitschrift willen.
Es scheint mir, daß Du in Deiner unendlichen Reinheit tief
    verletzt bist.

Die Angestellten des Büros haben zusammengelegt, um sie zu
    bezahlen,
Der Junge ist fortgeeilt, um sie zu kaufen,
Und er hat sehr lang gebraucht, um sie ihnen zu bringen.
Da ist sie.
Auf ihrem glänzenden Papier bieten sich die nackten Leiber
    dar, prostituiert zu herabgesetzten Preisen.
Sie werden von Büro zu Büro wandern, von einer Hand in
    die andere,
Vom Blick umschmeichelt, holen sie geiles Gelächter herauf,
    erregen sie die Leidenschaften, entfesseln die Sinne.

Käufliche Leiber, verlassen von den Seelen,
Spielzeug für die Großen mit verfettetem, beschmutztem Herzen.

Dennoch, Herr, ein Menschenleib ist schön.
Seit je, unvergleichlicher Künstler, träumtest Du von dem
Modell, dachtest Du daran, daß Du eines Tages die Menschengestalt annehmen würdest durch Deine Vermählung
mit der menschlichen Natur.
Langsam formtest Du ihn mit den Händen Deiner Macht
und hauchtest die lebendige Seele in den leblosen Stoff.
Von da an, Herr, gebietest Du uns, das Fleisch zu achten,
denn das Fleisch, so wie es ist, ist Träger des Geistes,
Und wir brauchen diesen freigebigen Leib, damit unser Geist
mit dem Geist unserer Brüder in Gemeinschaft treten
kann.

Die Reden, in langen Kolonnen der Wörter, führen unsere
Seele zu einer nachbarlichen Seele hin.
Das Lächeln enthüllt diese Seele auf dem Rand unserer
Lippen,
Der Blick zeigt sie durch die Fenster unseres Leibes,
Der Händedruck läßt sie zum Freunde gelangen,
Der Kuß schenkt sie der Geliebten,
Die Umarmung der Gatten will zwei Seelen vereinigen, um
dadurch eine dritte zu suchen in einem dritten Leib.

Aber für Dich, Herr, war es nicht genug, aus unserem Fleisch
das Sakrament des Geistes zu machen.
Durch Deine Gnade wird der Leib des Christen geheiligt und
ein Tempel der Dreifaltigkeit,
Gott ganz in unserer ganzen Seele,
Und unsere Seele ganz in unserem ganzen Leib.
Höchste Würde dieses herrlichen Leibes:
Er ist Glied des Herrn und Träger seines Gottes.

*

Siehe, Herr, heute abend die Leiber der schlafenden Menschen:

Den reinen Leib des ganz kleinen Kindes,
Den beschmutzten Leib der Dirne,
Den kraftstrotzenden Leib des Athleten,
Den ausgemergelten Leib des Fabrikarbeiters,
Den beruhigten Leib des Gatten,
Den sinnlichen Leib des Lebemannes,
Den satten Leib des Reichen,
Den geschundenen Leib des Armen,
Den geschlagenen Leib des Buben,
Den fiebernden Leib des Kranken,
Den schmerzenden Leib des Verunglückten,
Den lahmen Leib des Siechen,

Alle Leiber, Herr, und alle Lebensalter der Leiber.

Siehe den ganz warmen Leib des zarten Säuglings, wie eine
    reife Frucht vom Leibe seiner Mutter.
Siehe den Leib des sorglosen Kindes, das hinfällt und wieder
    aufsteht und sein rotes Blut ableckt.
Siehe den Leib des ruhelosen Jünglings, der nicht weiß, wie
    schön ein Kleines ist, das heranwächst.
Siehe den Leib der jungen Frau, entblößt für ihren Gatten.
Siehe den Leib des reifen Mannes, mächtig und stolz in seiner
    Kraft.
Siehe den Leib des Alten, der langsam dahinwelkt.

Herr, ich bringe sie Dir alle dar, und ich bitte Dich, sie zu
    segnen, während sie schweigend leben, eingehüllt in
    Deine Nacht.
Sie gehören Dir, sind durch ihre schlafende Seele Deinem
    Blick preisgegeben.
Morgen werden sie roh wachgerüttelt, und sie werden ihren
    Dienst wieder aufnehmen müssen.
Gib, daß sie Diener seien und keine Herren;
Offene Häuser und keine Gefängnisse;
Tempel des lebendigen Gottes und keine Gräber.
Gib, daß sie geachtet, geformt, gereinigt und umgestaltet
    werden durch die, die sie bekleiden,

Und daß wir sie als treue Begleiter wiederfinden am Ende
der Zeiten, leuchtend in der Schönheit ihrer Seelen,
Vor Deinem Angesicht, Herr, und vor dem Angesicht Deiner
Mutter.
Denn ihr beide, ihr gehört zu uns,
Und alle Leiber der Menschen, auch sie, sind die glorreich
Eingeladenen Deines ewigen Himmels.

Die Maschine bedeutet einen Fortschritt, wenn sie dem Menschen dient und seine Kräfte verzehnfacht. Wir wissen aber, daß sie ihn unglückseligerweise nur allzu oft mit ihrer Kraft und ihrem Rhythmus beherrscht. Sie dient dem Gewinn, aber der Mensch ist ihr Sklave. Man muß kämpfen, um die Ordnung wiederherzustellen. In dem Maße, als der Mensch sich durch die Maschine verlängert und größer wird, müßte auch seine Seele wachsen, damit sie die mechanische Arbeit aufnehmen, beherrschen und darbringen kann.

Alles, was ihr tut in Wort oder Werk, tut alles im Namen des Herrn Jesu und danket durch ihn Gott, dem Vater (Kolosserbrief 3, 17).

Herr, ich liebe die Traktoren nicht.
Ich habe einen von ihnen gesehen, vorhin, auf einem Feld;
Er empörte mich.

Der Traktor ist stolz.
Er erdrückt den Menschen mit seiner ganzen Kraft,
Er schaut ihn nicht an, er bewegt sich vorwärts;
Aber er bewegt sich kriechend, Herr, und darüber bin ich
zufrieden.

Er ist häßlich,
Er schleppt sich mühsam fort, schüttelt ratternd seinen
schweren Rückenpanzer —
Die Nase dumm in der Luft, keuchend und außer Atem —
Und in regelmäßigen Abständen stößt er seinen lauten Husten
aus der schwindsüchtigen Mechanik.
Aber er ist stärker als der Mensch, Herr.
Unerschütterlich und gleichmäßig zieht er seine Ladung.
Er zieht, was tausend Menschenarme nicht in Bewegung zu
setzen vermöchten,
Er trägt, was tausend Menschenhände nicht aufheben könnten.

Häßlich ist ein Traktor; aber er ist stark, und ich brauche
ihn.
Aber er braucht auch mich, er braucht den Menschen.
Er braucht ihn, um existieren zu können, denn der Mensch
macht ihn;
Er braucht ihn, um gehen zu können, denn der Mensch setzt
ihn in Gang;
Er braucht ihn, um vorwärtszukommen, denn der Mensch
lenkt ihn;
Er braucht ihn vor allem, um dargebracht zu werden,
Denn der Traktor hat keine Seele, Herr, und der Mensch ist
es, der ihm die seine leiht.

Herr, ich bringe Dir dar heute abend die Arbeit aller Trak-
toren des Landes, aller Traktoren der Welt;
Ich bringe Dir dar die Kraft aller Maschinen, die keine Seele
haben, um sich selbst darzubringen.
Ich bitte Dich, daß sie mit ihrer stolzen Macht den Menschen
nicht erdrücken, sondern ihm dienen;
Ich bitte Dich, daß der Mensch, aufrecht stehend, sie be-
herrsche mit seiner ganzen freien Seele,
Und daß sie so Dich loben durch ihre Arbeit,
Dich verherrlichen
Und teilhaben an dem feierlichen Hochamt der Welt, das
jeden Tag gesungen wird durch die menschliche Arbeit
und so gesungen werden wird bis ans Ende der Zeiten.

Für einen Christen existiert der Tod nicht, oder vielmehr, er ist nur ein Aufbruch und nicht ein Ende. Die Kirche singt beim Begräbnis in der Totenpräfation: „Das Leben wird nur umgewandelt und nicht weggenommen", und sie nennt den Jahrestag des Todes der Heiligen „Geburtstag". Die heilige Theresia vom Kinde Jesu flüsterte auf ihrem Totenbett: „Ich sterbe nicht, ich gehe in das Leben ein."

Unsere Toten leben, und wenn sie nicht auf ewig verdammt sind, können wir sie in Gott wiederfinden. Wenn wir ewig mit ihnen leben wollen, müssen wir Christus begegnen, auf ihn hören und in Gemeinschaft mit ihm bleiben.

Ich bin die Auferstehung und das Leben (Johannes 11, 25).

Wahrlich, wahrlich, ich sage euch: Wenn einer mein Wort hält, so wird er den Tod in Ewigkeit nicht schauen (Johannes 8, 51).

Ich bin das lebendige Brot ... wenn jemand von diesem Brote ißt, wird er ewig leben (Johannes 6, 51).

Wenn aber gepredigt wird, daß Christus von den Toten auferstanden ist, wie behaupten dann einige von euch: Es gibt keine Auferstehung der Toten? ... Wenn aber Christus nicht auferstanden ist, so ist unsere Predigt ohne Sinn, ohne Sinn euch euer Glaube ... Wenn wir bloß in diesem Leben auf Christus unsere Hoffnung setzen, so sind wir bejammernswerter als alle Menschen (1. Korintherbrief 15, 12—14, 19).

Die Leute folgten dem Sarge;
Leute in Schwarz, die weinten,
Leute in Schwarz, die so aussahen, als ob sie weinten;
Leute in Straßenkleidern, von denen einige weinten,
Und andere Leute in Straßenkleidern, die nichts mehr taten,
    oder vielmehr sich langweilten oder schwatzten.

Beim Ausgang des Friedhofes
Schluchzten die Leute in Schwarz: Nun ist alles zu Ende!
Die anderen Leute in Schwarz schnüffelten: Aber, meine
    Liebe, Mut, es ist vorbei!

53

Die ersten Leute im Straßenanzug murmelten: Der Arme, so
geht alles zu Ende!
Und die anderen Leute im Straßenanzug atmeten auf: Gott
sei Dank, das ist vorbei!

Ich aber dachte mir, daß alles erst begann.
Ja, er hatte die Generalprobe hinter sich, aber die ewige
Vorstellung begann.
Er hatte die Lehrzeit beendet, aber das ewige Meisterstück
begann.
Er hat die lange Schwangerschaft überstanden, aber das ewige
Leben nahm seinen Anfang.
Er wurde von neuem geboren,
Geboren zum Leben;
Zu einem Leben für das Gute,
Zu einem Leben für das Wahre,
Zum ewigen Leben.

Als ob es die Toten gäbe!
Herr, es gibt keine Toten,
Es gibt nur Lebende, auf unserer Erde und im Jenseits.
Herr, den Tod gibt es,
Aber er ist nur ein Moment,
Ein Augenblick, eine Sekunde, ein Schritt,
Der Schritt vom Vorläufigen ins Endgültige,
Der Schritt vom Zeitlichen ins Ewige.
So stirbt das Kind, wenn der Jüngling zum Leben erwacht,
die Raupe, wenn der Schmetterling davonfliegt,
das Weizenkorn, wenn die Ähre sich ankündigt.
Tod, seltsames Wesen, Schreckgespenst für kleine Kinder,
Phantasiegebilde, das es nicht gibt,
Du machst mich lachen.
Aber du empörst mich.
Du terrorisierst die Welt, du erschreckst und täuscht die
Menschen.
Und dennoch gibt es dich nur um des Lebens willen, und du
bist nicht imstande, uns die zu entreißen, die wir lieben.

Doch, wo sind sie, Herr, die ich zu Lebzeiten liebgehabt habe?

Sind sie im Einklang mit dem Dreifaltigen Gott von heiliger
Liebesverzückung ergriffen?
Werden sie in qualvoller Nacht verbrannt vom Verlangen,
ohne Grenzen zu lieben?
Sie sind verzweifelt, verdammt zu sich selbst, weil sie sich
selber mehr geliebt haben als die anderen; verzehrt vom
Haß, weil sie nicht mehr lieben können?

Herr, meine Toten sind ganz nahe bei mir,
Ich kenne sie, die im Schatten leben;
Ich sehe sie nicht mehr mit meinen Augen, denn sie haben
für einen Augenblick ihre fleischliche Hülle verlassen,
wie man ein gebrauchtes oder aus der Mode gekommenes
Kleid ablegt.
Ihre der Verkleidung beraubte Seele gibt mir nun kein
Zeichen mehr.

Aber in Dir, Herr, höre ich sie, die mich rufen,
Sehe ich sie, die mich einladen,
Höre ich sie, die mich beraten,
Denn sie sind mir nun noch mehr gegenwärtig.
Einstmals berührten sich unsere Leiber, aber nicht unsere
Seelen.
Jetzt begegne ich ihnen, wenn ich Dir begegne,
Ich nehme sie in mich auf, wenn ich Dich aufnehme,
Ich trage sie, wenn ich Dich trage,
Ich liebe sie, wenn ich Dich liebe.

O meine Toten, ewig Lebendige, die ihr in mir lebt,
Helft mir, daß ich in diesem kurzen Leben es lerne, ewig
zu leben.

Herr, ich liebe Dich, und ich will Dich immer mehr lieben;
Nur Du machst die Liebe ewig, und ich will ewiglich lieben.

Nicht immer ist es das wirksame Leben, das die Aufmerksamkeit anzieht. Nicht wirksam ist das Leben des Stolzen, der sich gegen die Hindernisse wehrt, ohne sie aus dem Wege räumen zu können. Aber das demütige Leben unter dem Blick Gottes, erleuchtet von seiner Gnade und strahlend für die anderen, das ist immer wirksam.

Die Liebe ist langmütig, gütig ist die Liebe; die Liebe ist nicht eifersüchtig, sie prahlt nicht und bläht sich nicht auf. Sie handelt nicht taktlos, sucht nicht das Ihrige; sie läßt sich nicht erbittern, sie trägt das Böse nicht nach. Sie freut sich nicht über das Unrecht, freut sich vielmehr über die Wahrheit. Sie erträgt alles, sie glaubt alles, sie hofft alles, sie hält alles aus (1. Korintherbrief 13, 4–7).

Herr, ich habe gesehen, wie das düstere und wilde Meer gegen die Felsen rollte.
Von weit her nahmen die Wogen ihren Anlauf;
Aufrecht, stolz, sprangen sie heran, stießen sie aneinander, um einander zuvorzukommen und die vorausrollenden zu schlagen.
Als der weiße Schaum sich vom unversehrten Felsen zurückzog, waren sie fließend zurückgeglitten, um von neuem heranzurollen.

Anderntags habe ich das Meer ruhig und klar gesehen.
Die Wogen kamen von weit her, klein und flach, um gar nicht die Aufmerksamkeit zu erregen.
Sie hielten sich sittsam an der Hand, glitten ohne Lärm dahin und legten sich in ihrer ganzen Länge auf den Sand, um das Ufer eben nur mit den Spitzen ihrer schönen Schaumfinger zu berühren.
Die Sonne liebkoste sie zärtlich, und freigebig ihre Strahlen zurückwerfend, verteilten sie nach allen Seiten ihren Glanz.

Herr, gib mir, daß ich die ungeordneten Schläge vermeide,
denn sie ermüden und verwunden, ohne den Feind zu
treffen;

Treibe die theatralischen Zornausbrüche aus mir aus, die zwar
die Aufmerksamkeit auf mich ziehen, aber mich völlig
nutzlos schwächen;

Laß nicht zu, daß ich voll Stolz immer die anderen überholen
will und dabei unterwegs die zertrete, die vor mir gehen;

Lösche von meinem Antlitz das düstere Gesicht des rächenden
Gewitters.

Herr, mache vielmehr, daß ich gelassen meine Tage ausfülle,
wie das Meer langsam die ganze Küste überdeckt;

Mache mich demütig wie das Meer, wenn es still und sanft
vordringt, ohne sich bemerkbar zu machen;

Lehre mich, auf meine Brüder zu warten und meinen Schritt
dem ihren anzugleichen, um gemeinsam mit ihnen auf-
zusteigen.

Gewähre mir die siegbringende Ausdauer der Wellen;

Mache, daß jedes Zurückweichen mir Gelegenheit zum Auf-
stieg sei;

Gib meinem Gesicht die Klarheit der hellen Wasser, meiner
Seele die Weiße des Schaumes;

Erhelle mein Leben, wie die Strahlen Deiner Sonne die Ober-
fläche der Wasser singen lassen.

Vor allem aber, Herr, mache, daß ich dieses Licht nicht für
mich behalte, und laß alle, die mir nahekommen, nach
Hause zurückkehren voll Verlangen, sich zu baden in
Deiner ewigen Gnade.

Der Blick des Menschen ist machtvoll, denn er ist Träger der Seele. Wenn Gott in der Seele wohnt, kann der Blick des Menschen den Menschen Gott schenken.

Als er sich auf den Weg machte, lief einer herbei, kniete vor ihm nieder und fragte ihn: Guter Meister, was muß ich tun, um das ewige Leben zu erlangen? Jesus sprach zu ihm: Warum nennst du mich gut? Niemand ist gut als Gott allein ... Die Gebote kennst du: Du sollst nicht töten, du sollst nicht ehebrechen, du sollst nicht stehlen, du sollst kein falsches Zeugnis geben, du sollst nicht betrügen, du sollst Vater und Mutter ehren. Er aber antwortete ihm: Meister, dies alles habe ich von meiner Jugend an gehalten. Jesus aber blickte ihn liebevoll an und sprach zu ihm: Eines fehlt dir noch; gehe hin, verkaufe alles, was du hast, und gibt es den Armen, so wirst du einen Schatz im Himmel haben; dann komm und folge mir nach (Markus 10, 17—21).

Da sah ihn eine Magd im Lichtschein sitzen, faßte ihn ins Auge und sagte dann: Der war auch bei ihm. Jener aber leugnete es, indem er sagte: Weib, ich kenne ihn nicht ... Noch redete er, da krähte auch schon der Hahn. Der Herr wandte sich um und blickte auf Petrus. Jetzt erinnerte sich Petrus des Wortes des Herrn, wie er ihm gesagt hatte ... Er ging hinaus und weinte bitterlich (Lukas 22, 56—57 und 60—62).

Als er der Stadt nähergekommen war und sie vor sich sah, weinte er über sie und sprach: Wenn doch auch du gerade an diesem deinem Tage erkannt hättest, was dir zum Heile dient! (Lukas 19, 41—42).

Und er führte ihn zu Jesus. Jesus aber schaute ihn an und sprach: Du bist Simon, der Sohn des Johannes. Du sollst Kephas heißen (Johannes 1, 42).

Die Leuchte deines Leibes ist dein Auge. Ist dein Auge gesund, so wird dein ganzer Leib erleuchtet sein; ist aber dein Auge krank, so wird dein ganzer Leib im Finstern sein (Matthäus 6, 22).

Jetzt will ich meine Lider schließen, Herr;
Denn meine Augen haben für heute abend ihren Dienst getan,

Und mein Blick, der den ganzen Tag im Garten der Menschen spazierengegangen ist, will nun in meine Seele
heimkehren.

Dank, Herr, für meine Augen, diese offenen Fenster über der
großen Weite;
Dank für den Blick, der meine Seele zum andern trägt, wie
der wohltätige Strahl das Licht und die Wärme Deiner
Sonne auf die Erde bringt.
Ich bitte Dich in dieser Nacht, daß morgen, wenn ich meine
Augen in der klaren Frühe öffnen werde,
Sie bereit seien, zu dienen — zu dienen meiner Seele
und ihrem Gott.

Herr, mache, daß meine Augen hell seien,
Und daß mein offener Blick Hunger nach Reinheit wecke;
Gib, daß er nie getäuscht,
nie enttäuscht,
nie verzweifelt werde,
Sondern fähig, zu bewundern,
verzückt zu sein,
zu betrachten.

Gib, daß meine Augen sich zu schließen wissen, um Dich
besser wiederzufinden;
Aber daß sie nie sich abwenden von der Welt, weil sie Angst
vor ihr haben.
Gib, daß mein Blick tief genug sei, um Deine Gegenwart in
der Welt zu erkennen,
Und daß meine Augen sich nie schließen vor dem Elend der
Menschen.
Herr, mein Blick möge nüchtern und fest sein,
Aber auch das Mitleid kennen,
Und meine Augen mögen imstande sein, zu weinen.

Mache, daß mein Blick den, den er trifft, nicht beschmutze,
Daß er nicht traurig mache, sondern freudig,
Daß er nicht verwirre, sondern beruhige,
Daß er nicht in Gefangenschaft führe,

Sondern einlade und mitreiße, über sich hinauszuwachsen.
Mache, daß er den Sünder bedrücke, weil er in ihm Dein
    Licht erkennt,
Aber daß er nur tadle, um zu ermutigen.
Mache, daß mein Blick beunruhige, weil er eine Begegnung
    ist, die Begegnung mit Gott.
Daß er ein Anruf sei,
    der Trompetenstoß,
    der alle aus ihren Häusern herausruft,
Nicht um meinetwillen, Herr,
Sondern weil Du vorübergehen willst.

Damit mein Blick das alles sei, Herr,
Schenke ich Dir heute abend
Von neuem meine Seele;
Ich schenke Dir meinen Leib;
Ich schenke Dir meine Augen,
Damit, wenn sie die Menschen, meine Brüder, anschauen,
Du es bist, der sie anschaut
Und aus mir heraus ihnen ein Zeichen gibt.

Die Jugendzeit ist nicht das „dumme Alter", es ist das lichtvolle Alter. Es ist das Alter, wo Gott durch seine Naturgesetze in den Körper und in das Herz des jungen Menschen das tiefe Verlangen nach einem anderen, von dem seinen verschiedenen Körper legt, nach einem anderen Herzen.

Möge der junge Mensch dann jemanden haben, der es ihm sagt, Eltern, die ihn genug lieben, um ihn nicht eigensüchtig zurückzuhalten, sondern seinen Blick auf den neuen und leuchtenden Weg richten, wo ihm eine andere begegnen wird.

Möge er einen Freund haben, einen Bruder, der ihm hilft, von sich selbst wegzugehen und sich den anderen zu schenken; sonst wird er ein Sklave seiner selbst werden, der unfähig ist für die Liebe.

Wir wissen, daß wir vom Tod zum Leben gekommen sind, weil wir die Brüder lieben. Wer nicht liebt, bleibt im Tode ... Daran haben wir die Liebe erkannt, daß er sein Leben für uns hingab. So müssen auch wir das Leben geben für die Brüder (Johannesbrief 3, 14—16).

Geliebte, wir wollen einander lieben, denn die Liebe ist aus Gott ... Wer nicht liebt, kennt Gott nicht, denn Gott ist die Liebe (1. Johannesbrief 4, 7—8).

Herr, ich möchte lieben,
Ich muß lieben.
Mein ganzes Wesen ist ein einziges Verlangen:
Mein Herz,
Mein Leib,
    sie sehnen sich in der Nacht nach einem Unbekannten,
    den sie lieben können.
Meine Arme greifen in die Luft, und ich kann nichts fassen,
    was Gegenstand meiner Liebe wäre.
Ich bin allein und möchte zu zweien sein.
Ich rede, und niemand ist da, um mir zuzuhören.

Ich lebe, und niemand ist da, um mein Leben zu ernten.
Warum bin ich reich, da ich niemanden habe, um ihn reich
  zu machen?
Woher kommt diese Liebe?
Wohin geht sie?
Herr, ich möchte lieben,
Ich muß lieben.

Herr, da hast Du, heute abend, meine ganze unerfüllte Liebe.

Höre, Kind,
Halt ein,
    und mache schweigend eine lange Pilgerfahrt bis auf
    den Grund deines Herzens.
Gehe entlang deiner Liebe, die so ganz neu ist, wie man den
    Bach hinaufsteigt, um seine Quelle zu finden,
Und ganz am Ende, ganz am Grunde, im unendlichen Ge-
    heimnis deiner verwirrten Seele, wirst du Mir begegnen,
Denn ich heiße Die Liebe, mein Kind,
Und ich bin nichts als Liebe seit jeher,
Und die Liebe ist in dir.

Ich habe dich geschaffen, damit du liebst,
Damit du nie aufhörst zu lieben.
Deine Liebe wird durch ein anderes Du gehen,
Und dieses Du ist sie, die du suchst.
Beruhige dich, sie ist auf dem Wege zu dir,
    unterwegs seit jeher
    auf dem Wege Meiner Liebe.
Du mußt warten, bis sie vorüberkommt,
Sie kommt näher,
Du näherst dich,
Ihr werdet euch erkennen,
Denn ich habe ihren Leib für dich geschaffen, ich habe deinen
    Leib für sie geschaffen,
Ich habe dein Herz für sie geschaffen, ich habe ihr Herz für
    dich geschaffen,
Und ihr werdet euch suchen in der Nacht,

In „Meiner" Nacht, die Licht werden wird, wenn ihr mir
    Vertrauen schenkt.

Bewahre dich für sie, mein Kind,
Wie sie sich für dich bewahrt.
Ich werde eins für das andere bewahren,
Und weil du Hunger hast nach Liebe, habe ich auf deinen
    Weg all deine Brüder geschickt, damit du sie lieben
    kannst.
Glaube mir, eine lange Lehrzeit braucht die Liebe,
Und es gibt nicht mehrere Arten von Liebe:
Lieben heißt immer: sich selbst verlassen, um zu den anderen
    zu gehen ...

Herr, hilf mir, mich um meiner Brüder, der Menschen, willen
    zu vergessen,
Damit ich, mich verschenkend, lieben lerne.

Es ist nicht leicht zu lieben, und wenn oft unsere gegenseitige Liebe versagt, geschieht es dann nicht meist auf Grund eines schrecklichen Mißverständnisses? War sie nicht doch lediglich der „Zusammenprall zweier Egoismen", von dem Van der Meersch in seinem Buch „Leib und Seele" spricht? Ist es uns nur gelungen, unsere eigenen Grenzen zu überschreiten? Wenn die wirkliche Liebe Freude schenkt, ist Leiden der Preis dafür.

Sie sind also nicht mehr zwei, sondern ein Fleisch. Was nun Gott verbunden hat, darf der Mensch nicht trennen (Markus 10, 8—9).

So sollen die Männer ihre Frauen lieben wie ihren eigenen Leib. Wer sein Weib liebt, liebt sich selbst. Denn niemand hat je sein eigenes Fleisch gehaßt, sondern er hegt und pflegt es so wie Christus die Kirche. Wir sind ja Glieder seines Leibes. Darum wird der Mann seinen Vater und seine Mutter verlassen und seinem Weibe anhangen, und die zwei werden ein Fleisch sein. Dieses Geheimnis ist groß. Ich sage dies aber in bezug auf Christus und die Kirche. Jedenfalls soll jeder, einer wie der andere, seine Frau lieben wie sich selbst. Die Frau aber soll vor ihrem Manne Ehrfurcht haben (Epheserbrief 5, 28—33).

Es war schon fast Mittag, als ich an seine Türe klopfte.
Ich habe Marcel allein angetroffen, noch im Bett, das jetzt zu groß für ihn war.
Seine Frau hat ihn vor ein paar Tagen verlassen.

Herr, das hat mir wehgetan: dieser arme, mutlose Kerl, dieses halbleere Haus.
Eine Gegenwart fehlte,
Eine Liebe fehlte.
Ich habe keinen Blumenstrauß auf dem Kamin gesehen, keine Puderdose und keinen Lippenstift auf dem Waschtisch, keine Decke auf der Kommode, noch gefällig angeordnete Sessel.

Ich habe die schmutzigen Leintücher auf einem Bett liegen
    sehen, das so faltig war wie ein altes Weib;
    die Aschenbecher waren überquellend voll,
    die Schuhe lagen auf dem Boden herum,
    halb ausgepackte Pakete waren über das Zimmer ver-
    streut,
    ein Lappen prahlte auf dem Lehnstuhl, und die Fenster-
    läden waren geschlossen.
Es war traurig, düster und roch schlecht.

Das hat mir wehgetan, Herr.
Ich fühlte, hier war etwas zerrissen,
    war etwas aus dem Gleichgewicht gebracht,
Wie ein verbogener Mechanismus,
Wie ein Mensch mit gebrochenen Gliedern.

Und ich habe gedacht, daß das, was Du vorgesehen hattest,
    gut war,
Und daß es außerhalb Deines Planes weder Ordnung noch
    Schönheit, weder Liebe noch Freude geben kann.

                              *

Herr, ich bitte Dich heute abend
    für Marcel und . . . für sie
    und für den anderen
    und für die Frau des anderen
    und für seine Kinder
    und für die beteiligten Familien
    und für die Nachbarn, die sich die Mäuler zerreißen,
    und für die Kollegen, die richten.

Ich bitte Dich um Verzeihung
    für alle diese Risse,
    für alle diese Wunden,
    und für Dein Blut, das um dieser Wunden willen ver-
    gossen wurde an Deinem mystischen Leib.
Herr, ich bitte Dich heute abend für mich und für alle meine
    Freunde,
Lehre uns lieben.

Mein Kind, es ist nicht leicht zu lieben.
Oft liebt ihr, wenn ihr zu lieben glaubt, nur euch selbst, und
  ihr verfehlt alles, ihr zerbrecht alles.

Lieben heißt, sich begegnen, und um der Begegnung willen
  muß man willens sein, von sich selber fortzugehen, um
  einem anderen entgegenzugehen.
Lieben heißt, sich vereinigen, und um der Vereinigung willen
  muß man sich für einen anderen vergessen,
  muß man sich selber ganz und gar absterben für einen
  anderen.
Lieben, mußt du wissen, mein Kind, das tut weh,
Denn seit der Sünde — hör gut zu — heißt lieben: sich
  kreuzigen für einen anderen.

DER SCHULDIGE

Der Mensch ist allein, weil er einmalig ist, aber er ist aufgerufen zur Gemeinschaft. Doch die Sünde trennt und isoliert uns. Wir müssen einander wiederfinden und zuerst einer des andern Sünden tragen, sie loskaufen, um das Hindernis unserer völligen Einigung zu überwinden. Die Einsamkeit macht leiden: sie steht nicht im Plan des Vaters. Nur die Erlöserliebe kann sie überwinden und die Einheit besiegeln.

Ein Mann ging von Jerusalem nach Jericho hinab und fiel unter die Räuber. Diese plünderten ihn aus, schlugen ihn wund, gingen weg und ließen ihn halb tot liegen. Zufällig kam ein Priester des Weges; er sah ihn und ging vorüber. Ebenso ein Levit, er kam an jenen Ort, sah ihn und ging vorüber. Ein reisender Samaritan aber, der in seine Nähe kam, sah ihn und ward von Mitleid gerührt. Er ging hinzu, verband seine Wunden und goß Öl und Wein darauf. Dann setzte er ihn auf sein Reittier, brachte ihn in die Herberge und sorgte für ihn. Am anderen Tag zog er zwei Denare heraus und gab sie dem Herbergswirt mit den Worten: Sorge für ihn, und was du noch darüber aufwendest, will ich dir zahlen, wenn ich zurückkomme. (Lukas 10, 30—35).

Ich kenne sein Geheimnis,
Sein schweres Geheimnis,
Sein schreckliches Geheimnis.
Herr, wie kann dieser große Junge mit dem Gesicht eines zu
    früh gealterten Kindes es tragen?

Ich wollte, daß er es mir sage,
Daß er es mir gebe, damit ich es mit ihm trage.
Seit langen Monaten halte ich diesem kleinen zermalmten
    Bruder die Hand hin.
Begierig ergreift er diese Hand, er streichelt sie, er küßt sie
    ... aber jenseits des Grabens, der uns trennt.
Wenn ich ihn sanft heranziehen will, weicht er zurück; denn
    in der anderen Hand trägt er sein Geheimnis, und er ist
    zu schwer, um es mir reichen zu können.
Herr, er tut mir leid.

Ich betrachte ihn von ferne, und ich kann ihn nicht näherbringen,
Er betrachtet mich, und er kann mich nicht näherbringen.

Ich leide,
Er leidet,
Er leidet vor allem, und ich kann ihm nicht helfen, denn
   meine Liebe ist zu kurz, Herr, und jedesmal, wenn ich
   von mir aus eine Brücke schlage, um seine Einsamkeit
   zu erreichen, ist die Brücke zu klein und erreicht nicht
   sein Ufer.
Und ich sehe ihn am Rand seines Leidens, wie er zögert, einen
   Anlauf nimmt, sich streckt, aber verzweifelt umkehrt;
   denn die Entfernung ist zu groß und die Last ist zu
   schwer.
Gestern, Herr, hat er sich mir zugeneigt, hat ein Wort gesagt,
   dann aber verschloß er sich wieder; sein ganzer Leib hat
   gezittert unter der Last des Geheimnisses, das sich heran-
   schob, aber von neuem auf den Grund seiner Einsamkeit
   rollte.
Er hat nicht geweint; aber ich mußte ihm die großen Schweiß-
   tropfen abwischen, die von seiner Stirne perlten.
Ich kann ihm seine Last nicht nehmen, er muß sie mir geben.
Ich sehe sie, und ich kann sie nicht ergreifen.
Du willst es nicht, Herr, weil er es nicht will.
Ich habe kein Recht, sein Leid zu verletzen.

Herr, ich denke heute abend an alle Alleingelassenen,
An all die, die allein sind, schrecklich allein,
Weil sie sich niemals einem anderen anvertraut haben,
Weil sie sich niemals Dir anvertraut haben, Herr.
Sie, die etwas wissen, was die anderen nie wissen werden;
Sie, die an einer Wunde leiden, die nie jemand wird be-
   handeln können;
Sie, die an einer Verletzung bluten, die nie jemand heilen
   wird;
Sie, die von einem schrecklichen Schlag getroffen sind, von
   dem nie jemand eine Ahnung haben wird;
Sie, die in das abschreckende Schweigen ihres Herzens Ernten

an Erniedrigungen, Verzweiflungen, Haßgedanken ein-
geschlossen haben;
Sie, die eine Todsünde verheimlicht haben und nun kalte,
übertünchte Gräber sind.

Herr, die Einsamkeit des Menschen erschreckt mich.
Jeder Mensch ist allein, weil er einmalig ist,
Und diese Einsamkeit ist geheiligt; er allein kann sie brechen,
sich einem anderen offenbaren und einen anderen auf-
nehmen.
Er allein kann von der Einsamkeit zur Gemeinschaft schreiten.
Und Du, Herr, willst diese Gemeinschaft, Du willst, daß wir
miteinander geeinigt seien,
Trotz der tiefen Gräben, die wir durch die Sünde zwischen
uns aufgeworfen haben;
Du willst, daß wir eins seien, wie Dein Vater und Du eins
sind.

Herr, dieser Bursche tut mir leid, ebenso wie alle Einsamen,
seine Brüder.
Laß mich sie so sehr lieben, daß ich ihre Einsamkeit brechen
kann,
Laß mich auf Erden in alle offenen Türen eintreten.
Ich will mein Haus ganz leer, zugänglich und einladend
machen
Und mit Deiner Hilfe daraus fortgehen, um niemanden zu
behindern:
So können die anderen eintreten, ohne zu fragen,
Sie können ihre Last niederlegen, ohne gesehen zu werden.
Und ich werde still kommen, sie in der Nacht zu suchen,
Und Du wirst mir helfen, Herr, sie zu ertragen.

Man muß Dank sagen können. Unsere Tage sind reich an Geschenken, die uns der Herr macht. Wenn wir sie wahrzunehmen und aufzunehmen verstünden, wären wir am Abend wie eine „Königin des Tages" geblendet und glücklich über so viele gute Gaben. Wir wären dann dankbar vor Gott, vertrauensvoll, weil er uns alles gibt, fröhlich, weil wir wissen, daß er seine Geschenke alle Tage erneuern wird.

Alles ist Gottes Gabe, selbst die kleinsten Dinge, und die Gesamtheit dieser Geschenke macht ein Leben schön oder düster, je nach der Art, in der man sie gebraucht.

Jede gute Gabe und jedes vollkommene Geschenk kommt von oben, vom Vater der Lichter, bei dem kein Wandel ist und kein Schatten der Veränderung (Jakobusbrief 1, 17).

Danke, Herr, danke!
Dank für alle Geschenke, die Du mir heute angeboten hast,
Dank für alles, was ich gesehen, gehört und empfangen habe.

Dank für das Wasser, das mich wachgemacht hat, für die Seife, die so gut riecht, für die erfrischende Zahnpasta.
Dank für die Kleider, die mich bedecken, für ihre Farbe und für ihren Schnitt.
Dank für die prompt zugestellte Zeitung, für die spannende Geschichte darin, für den lächelnden Morgen, für die ernsten Konferenzen, die fortgesetzt werden, für die mir erwiesene Gerechtigkeit und für das gewonnene Fußballspiel.
Dank für den Müllabfuhrwagen und die Männer, die ihn begleiten, für ihre morgendlichen Rufe und die Geräusche der erwachenden Straße.
Dank für meine Arbeit, mein Werkzeug, meine Kräfte.
Dank für das Metall in meinen Händen, für seine langgezogene Klage, wenn sich der Stahl hineinfrißt, für den zufriedenen Blick des Werkmeisters und den Wagen mit den fertigen Stücken.

Dank für Jakob, der mir seine Feile geliehen hat, für Fritz, der mir eine Zigarette geschenkt hat, für Karl, der mir die Tür aufgehalten hat.

Dank für die freundliche Straße, die mich trug, für die Schaufenster der Geschäfte, für die Wagen, für die Fußgänger, für alles Leben, das so rasch dahinfloß zwischen den durchbrochenen Mauern der Häuser.

Dank für die Nahrung, die mich gestärkt, für das Glas Bier, das vorhin meinen Durst gestillt hat.

Dank für das Motorrad, das mich fügsam dorthin geführt hat, wohin ich wollte, für das Benzin, das es in Gang gebracht hat, für den Wind, der mir das Angesicht gestreichelt hat, und für die Bäume, die mich am Wege gegrüßt haben.

Dank für die Mädchen, denen ich begegnet bin, für das Rouge auf den Lippen von Marie-Therese, sie hat die Farbe klug gewählt, für die Dauerwelle von Monika, die ihr so gut zu Gesicht steht, für die Grimasse von Anne-Marie und ihr befreiendes Lachen.

Dank für den Buben, dem ich zusah, wie er auf dem Gehsteig gegenüber spielte.

Dank für seine Rollschuhe und für das drollige Gesicht, das er machte, als er hinfiel.

Dank für jeden „Guten Tag", den mir einer gewünscht hat, für jeden Händedruck, den ich gegeben habe, für jedes Lächeln, das mir geschenkt wurde.

Dank für Mutter, die mich zu Hause empfängt, für ihre selbstlose Liebe, für ihre stille Gegenwart.

Dank für das Dach, das mich beschützt, für das Licht, das mir leuchtet, für die Melodie aus dem Radio.

Dank für die Nachrichten, für Joseph Schlenger und Robert Becker.

Dank für den Blumenstrauß, das kleine Meisterwerk auf meinem Tisch.

Dank für die friedliche Nacht.

Dank für die Sterne.
Dank für das Schweigen.

Dank für die Zeit, die Du mir geschenkt hast.
Dank für das Leben.
Dank für die Gnade.

Dank für das Dasein, Herr.
Dank, daß Du mich hörst, daß Du mich ernst nimmst, daß
    Du mit Deinen Händen in Empfang nimmst die Garbe
    meiner Geschenke, um sie Deinem Vater darzubringen.
Dank, Herr.
Danke.

Die tätigen Christen stellen hohe Ansprüche an ihren Priester. Sie haben recht. Aber sie müssen auch wissen, daß es hart ist, Priester zu sein. Er, der sich in der ganzen Großherzigkeit seiner Jugend hingegeben hat, bleibt ein Mensch, und jeden Tag versucht der Mensch in ihm zu widerrufen, was er frei hingegeben hat. Das ist ein fortwährender Kampf, damit er völlig bereit bleibt für Christus und die anderen.

Der Priester braucht keine Komplimente oder Geschenke, die ihm Verlegenheit bereiten; er braucht nur, daß die Christen, für die er in besonderer Weise da ist, ihm durch ihre wachsende Liebe zu ihren Brüdern beweisen, daß er sein Leben nicht umsonst verschenkt hat. Und da er ein Mensch bleibt, kann er wohl einer verhaltenen Geste selbstloser Freundschaft bedürfen ... an einem Sonntagabend, wo er allein ist.

Folget mir nach, und ich will euch zu Menschenfischern machen (Markus 1, 17).

Nicht ihr habt mich erwählt, sondern ich habe euch erwählt und euch dazu bestellt, daß ihr hingehet und Frucht bringet und eure Frucht dauere (Johannes 15, 16).

Ich vergesse, was hinter mir liegt, und ich strebe nach dem, was vor mir liegt. Ich strebe nach dem Ziele, nach dem Siegespreis der Berufung, welche mir zuteil geworden ist von oben her, von Gott in Christus Jesus (Philipperbrief 3, 13—14).

Herr, heute abend bin ich allein.
Allmählich ist es in der Kirche still geworden,
Die Menschen sind fort,
Und auch ich bin nach Hause gegangen,
Allein.

Ich bin den Leuten begegnet, die vom Spaziergang zurückkehrten.
Ich bin am Kino vorbeigegangen, das seine Portion Menschen ausspie.

73

Ich bin an den Terrassen der Kaffeehäuser entlanggegangen,
wo die müden Spaziergänger versuchten, die Lebens-
freude eines festlichen Sonntags zu verlängern.
Ich stieß auf die Kinder, die am Gehsteig spielten,
Die Kinder, Herr,
Die Kinder der anderen, die niemals mir gehören werden.

Herr, da bin ich,
Allein.
Die Stille beengt mich,
Die Einsamkeit bedrückt mich.
. . . .

Herr, ich bin 35 Jahre alt,
Ich habe einen Leib wie die anderen,
Kräftige Arme für die Arbeit
Und ein Herz, wie aufgespart für die Liebe;
Aber ich habe alles Dir geschenkt.
Es ist wahr, daß Du es brauchtest,
Ich habe Dir alles geschenkt, aber es ist hart, Herr.
Es ist hart, seinen Leib zu verschenken: er möchte sich ande-
ren hingeben.
Es ist hart, alle Welt zu lieben und niemanden zu behalten.
Es ist hart, eine Hand zu drücken, ohne sie festhalten zu
wollen.
Es ist hart, eine Zuneigung aufkeimen zu lassen, aber nur,
um sie Dir zu schenken.
Es ist hart, für sich selber nichts zu sein, um ihnen alles
zu sein.
Es ist hart, zu sein wie die anderen, unter den anderen, und
dabei ein anderer zu sein.
Es ist hart, immer zu schenken, ohne darauf bedacht zu sein,
etwas dafür zu empfangen.
Es ist hart, den anderen voranzugehen, ohne daß jemals einer
vor einem selber geht.
Es ist hart, die Sünden der anderen zu erleiden, ohne sich
weigern zu können, sie aufzunehmen und sie zu tragen.
Es ist hart, Geheimnisse zu erfahren, ohne sie mitteilen zu
können.

Es ist hart, immer die anderen mitzureißen, und sich nie auch
  nur einen Augenblick lang gehenlassen zu können.
Es ist hart, allein zu sein,
Allein vor allen,
Allein vor der Welt, allein vor dem Leiden,
  dem Tod,
  der Sünde.

Mein Sohn, du bist nicht allein,
Ich bin bei dir,
Ich bin du.
Denn ich bedurfte einer Menschheit als Ergänzung, um meine
  Fleischwerdung und meine Erlösung fortzusetzen.
Von aller Ewigkeit habe ich dich erwählt,
Ich brauche dich.

Ich brauche deine Hände, um mein Segnen fortzusetzen,
Ich brauche deine Lippen, um mein Sprechen fortzusetzen,
Ich brauche deinen Leib, um mein Leiden fortzusetzen,
Ich brauche dein Herz, um meine Liebe fortzusetzen,
Ich brauche dich, um meine Erlösung fortzusetzen,
Bleib bei mir, mein Sohn.

*

Herr, da bin ich;
Da ist mein Leib,
Da ist mein Herz,
Da ist meine Seele.
Gib mir, groß genug zu sein, um die Welt in mich hinein-
  zuholen,
Stark genug, um sie tragen zu können,
Rein genug, um sie zu umarmen, ohne sie festhalten zu
  wollen.
Gib mir, daß ich ein Ort der Begegnung bin, aber nur ein
  Ort des Durchganges,
Ein Weg, der nicht festhält, weil es nichts Menschliches auf
  ihm zu ernten gibt, ein Weg, der nur zu Dir führt.

Herr, heute abend, während alles voll Schweigen ist und ich

in meinem Herzen so bitter den nagenden Zahn der Ein-
samkeit spüre,
Während mein Leib seinen Hunger nach Freude hinausheult,
Während die Menschen mir die Seele zerreißen und ich mich
unfähig fühle, sie zu befriedigen,
Während auf meinen Schultern die ganze Welt lastet mit all
ihrem Gewicht des Elends und der Sünde,
Gebe ich Dir noch einmal mein Ja, nicht in laut lachender
Freude, sondern langsam, leuchtend, demütig,
Ganz allein, Herr, vor Dir,
Im Frieden des Abends.

Das Wort ist eine Gabe Gottes. Wir werden einmal darüber Rechenschaft ablegen müssen. Durch das Wort schaffen wir Verbindung von Seele zu Seele, durch das Wort „offenbaren" wir uns. Wir haben nicht das Recht zu schweigen, aber Reden ist etwas Schwerwiegendes, und wir müssen unsere Worte wägen unter dem Blicke Gottes.

Ich sage euch aber: Über jedes unnütze Wort, das die Menschen reden, werden sie am Tage des Gerichtes Rechenschaft geben müssen. Denn auf Grund deiner Worte wirst du freigesprochen werden und auf Grund deiner Worte wirst du verdammt werden (Matthäus 12, 36—37).

Nicht jeder, der zu mir sagt: Herr, Herr! wird in das Himmelreich eingehen, sondern wer den Willen meines Vaters, im Himmel tut. Viele werden an jenem Tage zu mir sagen: Herr, Herr! Haben wir nicht in deinem Namen Teufel ausgetrieben? Haben wir nicht in deinem Namen viele Wunder gewirkt? Alsdann werde ich ihnen erklären: Niemals habe ich euch gekannt! Weichet von mir, ihr Übeltäter! (Matthäus 7, 21—23).

Herr, ich habe das Wort ergriffen und ich ärgere mich.
Ich ärgere mich, denn ich habe mich bemüht, mich verausgabt in Gebärde und Stimme.
Ich habe mich ganz hineingelegt in meine Sätze, meine Worte,
Und ich fürchte, daß das Wesentliche nicht ausgedrückt wurde;
Denn das Wesentliche liegt nicht in meiner Macht, Herr, und die Worte sind zu eng, um es zu umfassen.

Herr, ich habe das Wort ergriffen, und ich bin unruhig,
Ich habe Angst zu reden, denn es ist verantwortungsvoll;
Es ist verantwortungsvoll, die anderen zu stören, sie aus dem Haus zu locken, sie festzuhalten auf ihrer Türschwelle;
Es ist verantwortungsvoll, sie lange Minuten zurückzuhalten, wenn sie mit ausgestreckten Händen und ausgespanntem Herzen nach einem Licht oder einem bißchen Mut suchen, um zu leben und zu handeln.

Herr, wenn ich sie mit leeren Händen zurückschicken würde!

Und dennoch, ich muß reden.
Du hast mir für einige Jahre das Wort gegeben, ich muß
mich seiner bedienen.
Ich schulde meine Seele den anderen, und die Worte warten
auf dem Rand meiner Lippen, um meine Seele hinüber-
zutragen zu meinem Nächsten in langen, dichtfolgenden
Wortketten.
Denn die Seele könnte sich nicht aussprechen, wenn ihr das
Wort genommen wäre.
Man weiß nichts vom kleinen Kind, das in sein Fleisch ein-
geschlossen ist,
Und die ganze Familie jubelt auf, wenn sich allmählich, Wort
für Wort, Satz für Satz, seine Seele loslöst und vor unserer Seele sichtbar macht.
Aber die Familie steht verzweifelt zu Häupten des Sterbenden
und hört andächtig die letzten Worte, die er ausspricht;
Er geht fort, er schließt sich in das Schweigen ein, und wenn
die Angehörigen in frommer Ergriffenheit seine Augen
geschlossen und seine Lippen zugetan haben, wissen sie
nichts mehr von seiner Seele.

Das Wort, Herr, ist eine Gnade, und ich habe nicht das Recht,
aus Stolz, Feigheit, Nachlässigkeit oder aus Furcht vor
der Anstrengung zu schweigen.
Die anderen haben ein Recht auf mein Wort, auf meine Seele,
Denn ich habe ihnen von Dir eine Botschaft zu überbringen,
Und kein anderer als ich, Herr, wird sie ihnen sagen können.
Ich habe einen Satz auszusprechen, kurz vielleicht, aber bis
oben gefüllt mit meinem Leben.
Ich darf mich dieser Pflicht nicht entziehen.
Aber die Worte, die ich in Umlauf setze, müssen wahre Worte
sein.
Es wäre ein Mißbrauch des Vertrauens, die Aufmerksamkeit
des anderen zu erschleichen, wenn ich nicht bereit wäre,
unter der Schale der Worte die Wahrheit der Seele mit-
zuteilen.
Die Worte, die ich verbreite, müssen lebendige Worte sein,

reich an dem, was meine eigene Seele vom Geheimnis
der Welt und vom Geheimnis des Menschen aufgenommen hat.
Die Worte, die ich mitteile, müssen Gott tragen, denn die
Lippen, die Du mir gegeben hast, Herr, sind gemacht,
um meine Seele auszusagen, und meine Seele kennt Dich
und hält Dich umfangen.

*

Herr, verzeihe mir, wenn ich so schlecht gesprochen habe;
Verzeihe mir, wenn ich oft gesprochen habe, um doch nichts
zu sagen;
Verzeihe mir die Tage, wo ich meine Lippen geschändet und
leere Worte gesprochen habe,
falsche Worte,
feige Worte,
Worte, in die Du Dich nicht hast einschleichen können.
Steh mir bei, wenn ich das Wort nehmen muß in einer Versammlung, vermittelnd eingreifen muß bei einer Diskussion, mich unterreden muß mit einem Bruder.
Gib vor allem, Herr, daß mein Wort ein Samenkorn sei,
Und daß die, die meine Worte aufnehmen, hoffen können
auf eine schöne Ernte.

Wenn wir nicht aus allen Kräften auf dem Platz, wohin der Vater uns gestellt hat, gegen eine ungeordnete Welt kämpfen, sind wir keine wahren Christen. Wir lieben Gott nicht. Denn er hat es durch den heiligen Johannes verkündet: „Wie kann einer Gott lieben, den er nicht sieht, wenn er seinen Bruder nicht liebt, den er sieht" (1. Johannesbrief 4, 20) und „Meine Kindlein, wir wollen lieben, nicht in Worten und nicht mit der Zunge, sondern in Tat und Wahrheit" (1. Johannesbrief 3, 18).

Es reicht aber nicht aus, ein Gesicht zu waschen und zu pudern, damit es das christliche Gewissen beruhige, es geht darum, die sozialen und moralischen Unordnungen auszuforschen und zu bekämpfen, die dieses Gesicht geprägt haben. Die Armen werden uns richten.

Da werden auch sie ihm entgegnen: Herr, wann haben wir dich hungrig oder durstig oder als Fremdling oder nackt oder krank oder im Gefängnis gesehen und haben dir nicht gedient? Dann wird er ihnen antworten: Wahrlich, ich sage euch: Was ihr einem dieser Geringsten nicht getan habt, das habt ihr auch mir nicht getan! (Matthäus 25, 44—45.)

Herr, dieses Gesicht weicht den ganzen Abend nicht von mir;
Es ist ein lebender Vorwurf,
Ein langgezogener Schrei, der mich in meiner Ruhe aufstört.
Es ist noch jung, dieses Gesicht, Herr, und dennoch haben
    sich die Sünden der Menschen daraufgestürzt;
Ohne sich wehren zu können, war es ihren Schlägen ausgesetzt.

Sie sind von überallher gekommen:
Das Elend ist gekommen,
Das Barackenlager,
Das aufgewühlte Bett,
Die verpestete Luft,
Der Tabakrauch,
Der Alkohol,

Der Hunger,
Das Krankenhaus,
Das Sanatorium.

Die erdrückende Arbeit,
Die erniedrigende Arbeit,
Die Arbeitslosigkeit,
Die Krise,
Der Krieg.

Die betörenden Bälle,
Die geschmacklosen Schlager.
Die erregenden Filme,
Die schmachtende Musik,
Die schmutzigen Küsse voll Lüge.

Der Kampf um das Leben.
Die Empörung,
Der Lärm,
Die Schreie,
Die Schläge,
Der Haß.

Sie sind von überall her gekommen:
Entsetzliche Selbstsüchte der Menschen mit ihren tausend
    schrecklichen Gesichtern,
    mit ihren langen, schmutzigen Fingern,
    mit ihren abgebrochenen Nägeln,
    mit ihrem verpesteten Atem.
Sie sind herbeigeströmt von den Grenzen der Erde,
    von den Grenzen der Zeit,
    von überall, von jeher,
    Langsam, nacheinander,
Oder plötzlich, alle zusammen, wie wilde Tiere;
Sie haben geschlagen,
    gegeißelt,
    gepeitscht,
    gearbeitet,
    geformt,

> geprägt,
> gehämmert,
> gestochen,
> geschnitzt.

Und da ist es nun, dieses Gesicht, dieses arme Gesicht;
Sie haben achtzehn Jahre gebraucht, um es mir zu zeigen,
Sie haben Jahrhunderte gebraucht, um es hervorzubringen.
Ecce homo: Seht, welch ein Mensch!

Da ist es, dieses arme Menschengesicht, wie ein offenes Buch,
Das Buch des Elends und der Sünde der Menschen;
> das Buch des Egoismus,
> des Stolzes,
> der Feigheit;
> das Buch der Begierden,
> der Lüste,
> der Rückzüge,
> der Schamlosigkeiten.

Da ist es wie eine schmerzende Klage,
> wie ein Schrei der Empörung,
> aber auch wie ein herzzerreißender Anruf;

Denn ganz im Grunde dieser irrsinnigen Grimasse von Ge-
sicht,
Mitten in diesen trüben Augen,
Wie die beiden verschlungenen Hände des Ertrunkenen, ganz
weiß über dem dunkeln Wasser des Sees
Ein Schimmer,
Eine Flamme,
Ein trauriges Flehen,
Das unendliche Verlangen einer Seele, die leben möchte jen-
seits ihres Schmutzes.

Herr, dieses Gesicht weicht nicht von mir, es macht mir Angst,
es verurteilt mich;
Denn mit all den anderen habe auch ich es gemacht oder ich
habe es machen lassen!
Und da habe ich daran gedacht, Herr: Dieser junge Bursche
war mein Bruder und er war der Deine.

Was haben wir aus einem Glied Deiner Familie gemacht!

Herr, ich fürchte Dein Gericht,

Ich ahne, wie Du am Ende der Zeiten all die Gesichter der Menschen, meiner Brüder, und besonders derer aus meiner Stadt, aus meinem Viertel, von meiner Arbeitsstätte an mir wirst vorüberziehen lassen.

In Deinem unbarmherzigen L i c h t e werde ich diese Gesichter lesen,

die Runzel, die ich gegraben habe,

den Mund, den ich verzerrt habe,

die Grimasse, die ich geschnitzt habe,

den Blick, den ich verdunkelt habe,

und den, den ich ausgelöscht habe.

Sie werden alle kommen, unerbittlich, und sich vor mich hinstellen, rächende Puppen des Elends und der Sünde;

Es werden die kommen, die ich gekannt habe und die ich nicht gekannt habe, meine Zeitgenossen und die anderen, alle anderen, die ihnen gefolgt sind in der Werkstatt der Welt.

Und ich werde voll Schrecken unbeweglich, verstummt dastehen,

Und dann, o Herr, wirst Du mir sagen:

. . . . . „I c h   w a r   e s . . . . .“

. . . .

Herr, verzeihe mir um dieses Gesichtes willen, das mich verurteilt hat,

Herr, ich danke Dir für dieses Gesicht, das mich aufgeweckt hat.

Alle Menschen sind unsere Brüder. Das Blut Christi hat uns zu Kindern desselben Vaters gemacht. Wenn nun in einer Familie ein Glied leidet oder stirbt, so sind die anderen Glieder auch im Leid. Wir wissen jetzt, daß Tausende von Menschen jedes Jahr auf der Welt vor Hunger sterben. Wir können nicht mehr wie vorher leben. Selbst wenn die finanziellen Mittel es gestatten, ist ein Leben, dessen Zuschnitt über das entsprechend Notwendige hinausgeht — und wir wiederholen es noch einmal —, ist ein Leben, ohne mit allen Kräften an unserem Platz für eine gerechtere Welt zu kämpfen, Sünde.

Es war ein reicher Mann, der sich in Purpur und feine Leinwand kleidete und Tag für Tag herrliche Mahlzeit hielt. Es war aber auch ein Armer namens Lazarus, der, ganz mit Geschwüren bedeckt, vor dessen Tür lag. Gern hätte er sich mit den Abfällen von des Reichen Tisch gesättigt ... Sogar die Hunde kamen und leckten seine Geschwüre ... (Lukas 16, 19—21).

Da sagte er zu seinen Jüngern: Laßt sie lagern ... Er nahm die fünf Brote und zwei Fische, blickte gegen den Himmel, segnete und brach sie und übergab sie den Jüngern, damit diese sie den Volksscharen vorlegten. Alle aßen und wurden satt (Lukas 9, 14—17).

Ich habe gegessen,

Ich habe zuviel gegessen.

Ich habe gegessen, um zu tun wie die anderen,

Weil ich eingeladen war,

Weil ich in Gesellschaft war und die Gesellschaft es nicht begriffen hätte;

Und jedes Gericht,

Und jeder Bissen,

Und jeder Schluck ging schwer hinunter.

Herr, ich habe zuviel gegessen,

Während im gleichen Augenblick in meiner Stadt mehr als 1500 Personen — die Konservenbüchsen in der Hand — Schlange standen um die Armensuppe,

Während diese Frau in ihrer Dachkammer das verzehrte, was
sie am Morgen in den Mülleimern aufgelesen hatte,
Während diese Kinder in ihrem Bunker die kalten Reste des
mageren Mahles der Alten vom Armenhaus sich teilten,
Während zehn, hundert, tausend Unglückliche auf der Welt
im gleichen Augenblick sich vor Schmerzen wanden und
den Hungertod starben vor ihren verzweifelten Angehörigen.

Herr, das ist schrecklich, denn ich weiß darum,
Die Menschen wissen jetzt darum.
Sie wissen, daß nicht nur einige Unglückliche Hunger haben,
sondern Hunderte vor ihren eigenen Haustüren.
Sie wissen, daß nicht nur einige Hunderte Unglückliche, son-
dern daß Tausende Hunger haben in den Grenzen ihres
Landes.
Sie wissen, daß nicht nur Tausende, sondern Millionen Hun-
ger haben auf der ganzen Welt.
Die Menschen haben die Hungerkarte gezeichnet;
Die Todeszonen sind darauf und prägen unlöschbar ihre
Schrecken ein.
Die Ziffern richten die Kolonnen ihrer unerbittlichen Wahr-
heit auf:
Für mehr als 800 Millionen Menschen stellt das monatliche
Minimum unseres Landes das jährliche Maximum dar.
Ein Drittel der Menschheit ist unterernährt.
Mehrere Millionen Menschen sterben vor Hunger im Laufe
einer einzigen Hungersnot in Indien.
Die Hindus leben durchschnittlich kaum 26 Jahre.

Herr, Du siehst diese Karte, Du liest diese Ziffern,
Nicht wie der gemächliche Statistiker in seinem Büro,
Sondern wie ein kinderreicher Vater, der sich über die Stirn
eines jeden seiner Söhne neigt.
Herr, Du siehst diese Karte, Du liest diese Ziffern seit
Ewigkeit.
Du sahst sie, Du lasest sie, als Du für mich die Geschichte
vom reichen Prasser und vom armen, hungrigen Lazarus
erzähltest;

Du sahst sie, Du lasest sie, als Du für mich das Jüngste Gericht schildertest.

„. . . Ich war hungrig . . ."

Herr, Du bist schrecklich!
Du stehst Schlange um die Armensuppe,
Du ißt die Reste aus den Mülleimern,
Du bist vor Hungerqual im Todeskampf,
Du stirbst mit 26 Jahren verlassen in einem Winkel,
Während in einem anderen Winkel des großen Saales der
    Welt ich — mit einigen Gliedern unserer Familie —,
    ohne Hunger zu haben, das esse, was genügen würde, um
    Dich zu retten.

„. . . Ich war hungrig . . ."

Du wirst mir das immer sagen können, Herr, wenn ich einen
    einzigen Augenblick zaudere, mich zu verschenken.
Ich werde niemals zu Ende kommen, meinen Brüdern die
    Suppe aufzutischen, sie sind zu zahlreich,
Und es wird immer solche geben, die ihren Teil noch nicht
    bekommen haben!
Ich werde niemals mit dem Kampf zu Ende kommen, wenn
    ich für alle meine Brüder Suppe haben will.

Herr, es ist nicht leicht, der Welt zu essen zu geben.
Ich verrichte lieber mein Gebet, regelmäßig und genau,
Ich esse lieber am Freitag kein Fleisch,
Ich besuche lieber meine Armen,
Ich gebe meine Gabe lieber zum Kirchweihtag oder an Wai-
    senhäuser;
Doch das ist ja nicht genug,
Das ist eigentlich nichts, wenn Du mir eines Tages sagen
    kannst: „Ich war hungrig!"

. . . .

Herr, ich habe keinen Hunger mehr,
Herr, ich will keinen Hunger mehr haben,

Herr, ich will nur noch essen, um zu leben, um Dir zu dienen
und für meine Brüder zu kämpfen.
Denn Du hast Hunger, Herr.
Denn Du stirbst vor Hunger, indes ich übersättigt bin.

Das Wohnungsproblem ist in allen Großstädten der Welt voller Tragik. Das muß man wissen. Hier liegt eine Hauptaufgabe. Viele, die eine gute Wohnung haben, sind niemals umhergegangen in den Armenvierteln der Stadt. Daher muß man davon reden. Die öffentliche Meinung ist eine Macht, und jeder von uns hat daran Anteil. Schließlich gibt es sehr viele Menschen, die unsere tätige Hilfe oder zumindest inneren Halt durch unsere Verbundenheit mit ihnen fordern. Wenn wir unsere Brüder lieben, werden wir immer das Mittel finden, je nach unserer Stellung etwas für sie zu tun.

Wenn ein Bruder oder eine Schwester ohne Kleider sind und Mangel leiden am täglichen Unterhalte, und einer von euch sagt zu ihnen: Geht hin in Frieden, wärmt euch und sättigt euch — ihr gebet ihnen aber nichts, was sie zum Leben brauchen — was nützt das? (Jakobusbrief 2, 15—16).

Herr, ich konnte nicht schlafen, und um besser zu Dir zu beten, bin ich wieder aufgestanden.

Es ist Nacht draußen, der Wind weht und der Regen fällt,

Und die Lichter der Stadt durchbrechen das Dunkel und künden Lebende an.

Diese Lichter, Herr, bedrücken mich, warum wurden sie angezündet? — Für meine Augen?

Sie haben mich gerufen und jetzt bin ich ihr Gefangener, während die Leiden der Stadt verräterisch ihre tragische Klage flüstern;

Und ich kann ihnen nicht entkommen, Herr, ich kenne sie zu gut, diese Leiden.

Ich sehe sie vor mir aufscheinen, ich höre sie zu mir sprechen,

Ich fühle, wie sie mich ohrfeigen,

Denn ich weiß um sie, Herr, ich weiß um sie, während ich schlafen gehen wollte.

Ich weiß, daß in diesem einzigen Zimmer der vergiftete Atem von dreizehn zusammengedrängten Personen sich mischt.*

* Alle angeführten Tatsachen sind absolut echt. Sie wurden unter hundert anderen ähnlichen ausgewählt.

Ich weiß, daß eine Mutter den Tisch und die Sessel an der Zimmerdecke aufhängt, um das Strohlager auszubreiten.

Ich weiß, daß die Ratten kommen, um die Brotkrusten zu fressen und die kleinen Kinder zu beißen.

Ich weiß, daß der Mann aufsteht, um die Wachsleinwand über dem durchregneten Bett seiner vier Kinder aufzuspannen.

Ich weiß, daß die Mutter die ganze Nacht sich nicht niederlegen kann, denn es ist nur für ein Bett Platz, und die zwei Kinder sind krank.

Ich weiß, daß der betrunkene Mann sich über das Kind erbricht, das an seiner Seite schläft.

Ich weiß, daß der Bursche allein in die Nacht flieht, weil er es satt hat.

Ich weiß, daß die Männer sich der Frauen wegen schlagen, denn auf dem gleichen Dachboden sind drei Haushalte.

Ich weiß, daß der Bruder seiner Schwester ein Kind macht, weil sie beide, er mit seinen zwanzig und sie mit ihren sechzehn Jahren, Seite an Seite auf dem gleichen Elendslager schlafen.

Ich weiß, daß die Frau ihren Mann wegdrängt, denn es ist im Hause kein Platz mehr für ein neues Kind.

Ich weiß, daß ein Kind sanft hinüberschlummert und sich darauf vorbereitet, sich mit seinen vier kleinen Brüdern da oben wieder zu vereinigen.

Ich weiß,

Ich weiß überdies,

Ich weiß Hunderte anderer Tatsachen, während ich eben in Frieden zwischen meinen weißen Leintüchern einschlafen wollte.

Ich möchte nichts davon wissen, Herr.

Ich möchte, daß das nur Geschichten wären,

Ich möchte mir einreden, daß ich träume,

Ich möchte, daß man mir beweist, daß ich übertreibe,

Ich möchte, daß man mir zeigt, daß alle diese Leute unrecht haben, daß es ihr Fehler ist, wenn sie im Unglück sind.

Ich möchte mich wieder beruhigen, Herr, aber ich kann nicht mehr, es ist zu spät.

Ich habe zu viel gesehen,

Ich habe zu viel gehört,
Ich habe zu viel gezählt,
Ich habe gezählt, Herr, und ich glaube, daß die unerbittlichen
Ziffern mir für immer meine unschuldige Ruhe geraubt
haben.*

Um so besser, mein Kind,
Denn ich, euer Gott, euer Vater, ich bin erzürnt über euch.
Ich habe euch am Anfang der Zeiten die Welt gegeben, und
ich will in meinem gewaltigen Besitztum für alle meine
Söhne ein Dach, das ihres Vaters würdig ist;
Ich habe euch Vertrauen geschenkt, und euer Egoismus hat
alles verdorben.
Das ist eine eurer größten Sünden, eine Sünde, die viele von
euch verantworten müssen.
Wehe euch, wenn durch eure Schuld auch nur eines meiner
Kinder an seinem Leibe oder an seiner Seele umkommt.
Ich sage euch, diesen werde ich die schönsten Wohnungen in
meinem großen Paradiese schenken.
Die Sorglosen aber, die Nachlässigen, die Egoisten, die ihr
gutes Obdach auf Erden hatten und die anderen verges-
sen haben, sie haben ihren Lohn schon empfangen.
Für sie wird es bei mir keinen Platz geben.

Wohlan, mein Kind, erflehe heute abend Verzeihung für dich
und für die anderen.
Und morgen kämpfe mit allen deinen Kräften; denn dein
Vater leidet, wenn er sieht, daß es jetzt noch für Seinen
Sohn keinen Platz gibt in der Wohnstatt der Menschen.

---

* Es handelt sich um eine französische Großstadt.
Unter anderen Dokumenten erwähnte die Volkszählung von
1946, daß von 34.737 Familien 10.952 in einem einzigen Raume
wohnen — 12.557 in zwei Räumen. Wenn man alle Städte des
Landes mit über 100.000 Einwohnern in Betracht zieht, steht
jedoch diese Stadt erst etwa in der Mitte auf der Stufenleiter
des Elends der Enterbten.
Inzwischen eingetretene Verbesserungen durch Neubauten, öffentliche und karitative Hilfen usw. nehmen der Anklage nichts
von ihrer Wahrheit, die ebenso für alle anderen Länder gilt.

Das Leiden ist ein Geheimnis, das nur durch das Licht des Glaubens erhellt werden kann.

Das Übel in der Welt ist von Gott nicht gewollt. Die Menschen haben seinen Plan verachtet (Sünde), sie haben den Menschen und das Weltall aus dem Gleichgewicht gebracht und das Leiden verursacht. Aber Christus ist gekommen, um die Ordnung wiederherzustellen. Aus dem nutzlosen Leiden hat er den eigentlichen Gegenstand der Erlösung gemacht.

Fürwahr, er trug unsere Krankheit und lud auf sich unsere Schmerzen. Wir hielten ihn für den, der geplagt und von Gott geschlagen und gemartert wäre. Aber er ist um unserer Missetat willen verwundet und um unserer Sünden willen zerschlagen. Die Strafe liegt auf ihm, auf daß wir Frieden hätten, und durch seine Wunden sind wir geheilt (Isaias 53, 4—5).

Heute nachmittag habe ich einen Kranken im Spital besucht.
Von Station zu Station mußte ich diese Leidensstadt durchwandern, und ich erriet die Tragödien, die die hellen Wände und die Blumen auf den Rasenplätzen verbargen.
Ich mußte einen ersten Saal durchschreiten;
Ich ging auf den Zehenspitzen bei der Suche nach dem Kranken,
Ich streifte mit dem Blick die Liegenden, wie der Krankenwärter behutsam eine Wunde berührt, um nicht wehzutun.
Ich fühlte mich unbehaglich.
Verwirrt wie ein Nichteingeweihter in einem Mysterientempel,
Wie ein Heide im Schiff einer Kirche.
Ganz am Ende des zweiten Saales habe ich meinen Kranken gefunden,
Und als ich vor ihm war, habe ich gestammelt, und ich wußte nicht, was ich sagen sollte.

Herr, das Leiden bedrückt mich, es beklemmt mich.
Ich begreife nicht, warum Du es gutheißt.

Warum, Herr?

Warum dieses unschuldige Kind, das seit einer Woche wimmert, weil es gräßlich verbrannt ist?

Dieser Mann, der schon drei Tage und drei Nächte im Todeskampf liegt und nach seiner Mutter schreit?

Diese krebskranke Frau, die in einem Monat um zehn Jahre gealtert ist?

Dieser Arbeiter, der von einem Gerüst gestürzt und nun ein zerbrochener Hampelmann ist von noch nicht ganz zwanzig Jahren?

Dieser Fremdling, arm, heimatlos, einsam, der nicht mehr ist als eine einzige eitrige Wunde?

Dieses eingegipste Mädchen, das seit mehr als dreißig Jahren langgezogen auf einem Brett liegt?

Warum, Herr?

Ich verstehe nicht.

Warum dieses Leiden in der Welt,
    das verletzt,
    verschließt,
    empört,
    zerbricht?

Warum dieses ungeheuerliche und scheußliche Leiden, das blind zuschlägt ohne Erklärung,

Sich ungerechterweise auf den Guten stürzt und den Bösen ausspart,

Verjagt durch die Wissenschaft zurückzuweichen scheint, aber unter einem anderen Gesicht wiederkommt, mächtiger, listiger als zuvor?

Ich verstehe nicht.

Das Leiden ist hassenswert und es macht mir Furcht,

Denn warum die, Herr, und nicht die anderen?

Warum die und nicht ich?

*

Kind, nicht ich bin es, dein Gott, der das Leiden gewollt hat, die Menschen sind es.

Sie haben es mit der Sünde auf die Welt gebracht;

Denn die Sünde ist eine Unordnung und die Unordnung schafft das Übel.

Siehst du, jeder Sünde entspricht auf der Welt und in der
    Zeit irgendwie ein Leiden,
Und je mehr Sünde es gibt, um so mehr Leiden gibt es auch.

Aber ich bin gekommen, ich habe sie alle auf mich genom-
    men, eure Leiden, wie ich alle eure Sünden auf mich ge-
    nommen habe,
Ich habe sie auf mich genommen und sie erlitten vor euch,
Ich habe sie umgekehrt und umgewandelt, ich habe aus ihnen
    einen Schatz gemacht,
Noch sind sie ein Übel, aber ein Übel, das dient,
Denn aus euren Leiden habe ich die Erlösung gemacht.

Die Welt ist bis zu einem solchen Grade in Unordnung, daß viele Menschen gezwungen sind — um ihr tägliches Brot zu verdienen —, direkt oder indirekt an Arbeiten teilzunehmen, durch die Waffen geschmiedet werden, um andere Menschen physisch oder moralisch umzubringen. Als Gefangene des ökonomischen Systems im Zustand der Sünde sind manche zur Lüge und zum Diebstahl gezwungen.

Es muß Menschen geben, die schwer leiden an dieser tragischen Situation. Mitverantwortlich für diese Welt, können sie sich aber nun nicht einfach verdrücken, ohne sich um die anderen zu kümmern. Sie müssen vielmehr die Sünde ihres Lebenskreises erkennen und sich ihrer anklagen. In gleicher Weise, wie es keine wahre Reue gibt, wenn man sein Leben nicht zu ändern sucht, gibt es auch kein wahres Leiden an der Umgebung, wenn man nicht bemüht ist, das unmenschliche Gefüge zu verwandeln. Das ist eine absolut verpflichtende Aufgabe, von der nichts den Christen befreien kann.

Ihr seid das Licht der Welt. Eine Stadt, die auf dem Berge liegt, kann nicht verborgen bleiben. Auch zündet man ein Licht nicht an, um es unter den Scheffel zu stellen, sondern auf den Leuchter, damit es allen leuchte im Hause. So leuchte euer Licht vor den Menschen, damit sie eure guten Werke sehen und euren Vater im Himmel preisen (Matthäus 5, 14—16).

Er war mitten auf der Straße,
Schwankend sang er aus allen Kräften mit seiner alteingerosteten Säuferstimme.
Die Leute wandten sich um, blieben stehen, amüsierten sich.
Da kam ganz leise von hinten ein Polizist;
Er hat ihn grob an der Schulter gepackt und auf die Wachstube geführt.
Er sang noch immer,
Die Leute lachten.

Ich habe nicht gelacht.
Ich habe an die Frau gedacht, Herr, die heute abend vergeblich warten würde.

Ich habe an alle anderen Säufer der Stadt gedacht,
   an die in den Wirtshäusern und in den Bars,
   an die in den Salons und auf den vornehmen Parties.
Ich habe gedacht an ihre Heimkehr am Abend,
   an die verstörten Kinder,
   an die leere Geldtasche,
   an die Schreie,
   an die Schläge,
   an die Tränen,
   an die Kinder, die aus stinkenden Umarmungen geboren
   würden.

                              *

Herr, jetzt hat Du Deine Nacht über die Stadt ausgebreitet,
Und während sich die Tragödien verflechten und lösen,
Schlafen die Menschen, die den Alkohol verteidigt haben,
   die ihn erzeugt haben,
   die ihn verkauft haben,
In derselben Nacht in Frieden ein.
Ich denke an sie alle, sie tun mir von Herzen leid;
   sie haben Elend erzeugt und verkauft,
   sie haben Sünde erzeugt und verkauft.
Ich danke an alle anderen, die Menge der anderen, die arbeiten, um zu zerstören, und nicht, um aufzubauen,
   um zu beschmutzen, und nicht, um zu adeln,
   um zu verdummen, und nicht, um zu entfalten,
   um zu erniedrigen, und nicht, um zu erhöhen.
Herr, ich denke besonders an die vielen Menschen, die für den
   Krieg arbeiten,
   die, um eine Familie ernähren zu können, arbeiten müssen für die Zerstörung anderer Familien,
   die, um zu leben, den Tod bereiten müssen.
Ich bitte Dich nicht, sie alle von ihrer Arbeit wegzunehmen,
   das ist nicht möglich,
Aber gib, Herr, daß sie sich Fragen stellen,
   daß sie nicht zu ruhig schlafen,
   daß sie kämpfen in der Welt der Unordnung,
   daß sie Sauerteig seien,
   daß sie Erlöser seien.

Um derer willen, die verwundet sind an Seele und Leib, der
Opfer der Arbeit ihrer Brüder,
Um all der Toten willen, denen Tausende von Menschen ge-
wissenhaft den Tod bereitet haben,
Um dieses Säufers willen, des grotesken Clowns mitten auf
der Straße,
Um der Angst willen und der Schreie seiner Kinder,
Um der Verdemütigung willen und der Tränen seiner Frau,
Hab Erbarmen, Herr, mit mir, der ich allzuoft schläfrig bin,
Hab Erbarmen mit den Unglücklichen, die völlig eingeschlafen
und Spießgesellen einer Welt sind, in der Brüder sich
gegenseitig umbringen, um ihr tägliches Brot zu ver-
dienen.

Gott ist überall. Wir müssen unseren Blick immer rein halten, um ihn an allen Orten und in allen Menschen wiederzufinden. Wir brauchen Gott nicht zu den anderen bringen. Er ist ja gegenwärtig in ihnen, aber wir sollen ihn bei ihnen suchen, ihm begegnen und ihn unaufhörlich anbeten. Dann müssen wir uns demütig bemühen, die Hindernisse aus dem Weg zu räumen, die ihn hindern, seine Größe zu zeigen.

Levi veranstaltete ihm ein großes Gastmahl in seinem Haus. Eine große Menge Zöllner und andere Leute saßen zu Tische. Hierüber murrten die Pharisäer und Schriftgelehrten; sie sagten zu seinen Jüngern: Warum ißt und trinkt er mit den Zöllnern und Sündern? Jesus entgegnete ihnen: Nicht die Gesunden bedürfen des Arztes, sondern die Kranken. Ich bin nicht gekommen, Gerechte zur Buße zu rufen, sondern Sünder (Lukas 5, 29—32).

Da war eine Bar,
Wie alle Bars rings um die Bahnhöfe, die Häfen und anderswo. Wir sind hineingegangen, Herr.
Ein Mädchen ist gekommen, ein armes Mädchen mit Dirnenaugen.
Ihr Blick tastete unsere Gesichter und unsere Leiber ab, wie eine schmutzige Hand den noch sauberen Stoff berührt, wie ein schmutziger Finger über eine frisch gestrichene Wand hinfährt.
Sie traf ihre Wahl.
Ich hatte Angst, daß sie schmutzig macht.

Für ein paar lumpige Francs löste ein geschniegelter Jüngling mit verzogenem Lächeln die mechanische Jazz aus.
In einem Augenblick war die ganze Bar eingetaucht in ein schreiendes Licht, aufregende Musik, epileptischen Rhythmus.
Groteske Paare tanzten, grell angestrahlt von gelben, grünen und roten Lichtern,

Und unter sie mischte sich ein Bursche,
Ein kleiner, scheußlicher Bursche mit einem Kinderkörper,
    aber dem Gesicht eines Alten,
Und hüpfte wie ein Hampelmann in den Händen des Teufels.

Herr, der Mensch ist überhaupt nicht mehr da.
Wo ist der Sohn Gottes?
Wo ist die Tochter Gottes?

Ich wollte „sie" wiederfinden, um ihr „Auf Wiedersehen" zu
    sagen,
Sie finden, sie selber, für sie selber,
Sie, mit der man nicht mehr verkehrt,
Sie, die sich verloren hat,
Sie, die nicht mehr weiß, was sie geworden ist.
Ich wollte „sie" sehen,
Ich wollte „sie" berühren,
Ich wollte mit „ihr" reden,
Ich wollte „sie" lieben, sie, die Du liebst, Herr, die Du zärt-
    lich liebst von Ewigkeit her.
Beim Fortgehen habe ich ihr in Deinem Namen die Hand
    gedrückt;
Wenn ich es gewagt hätte, Herr, hätte ich sie geküßt.

Ich glaube, daß „sie" mich angeblickt hat, als ich mich ent-
    fernte.

*

Es war Nacht.
Ich dachte daran, daß in diesem gleichen Augenblick Benedik-
    tiner, Trappisten, Karmeliter und all die anderen
In Schweigen und Reinheit
Gott mit ihrer ausgespannten Seele berührten.
Herr, ich habe an Deiner Abwesenheit gelitten;
Alles schien mir bedrückend und leer,
Schrecklich leer.
Und dennoch . . . . . .
Dennoch, das rote Licht hat mich verfolgt:
Es grenzt in der Nacht die Straßen der Großstädte ab,

Es weist auf die Häuser der Ausschweifung hin,
Es überflutet die Vergnügungsstätten,
Aber es kündet auch Deine Gegenwart an in der dunklen
  Kapelle des Klosters.
O Herr, gibt es denn mehrere rote Lichter in der Stadt der
  Menschen?
Eines, das zu Dir führt,
Und ein anderes, das zur Sünde lädt?
Oder aber, Herr,
Trotz dem Bösen,
Trotz uns,
Trotz allem
Warst du da gestern abend,
In dieser Bar,
Ganz nahe bei ihr?

*

Ich war da, mein Kind,
Denn dort, wo die Reinheit herrscht, bin ich, um angebetet
  zu werden,
Und da, wo die Sünde triumphiert, bin ich ebenfalls; aber
  um sie loszukaufen.

SIE HABEN EINEN NORDAFRIKANER
ERSCHLAGEN

Was hier erzählt und betrachtet wird, wiederholt sich all-
überall auf der Erde.

Nach zweitausend Jahren Christentum gibt es immer noch
rassische oder soziale Schranken. Das sollte ein Skandal für
alle Christen sein. Nun finden aber manche gar nichts daran,
ja sie verteidigen sogar diese Grenzen. Weil sie diese Tren-
nungslinie anerkennen, sind sie nicht mehr in Gemeinschaft
mit ihren Brüdern, und darum sind sie auch von Christus
abgeschnitten. Sogar wir selber sind angesteckt von dieser
heidnischen Denkungsart und haben mehr oder weniger Anteil
an den Sünden gegen die allgemeine Brüderlichkeit. Diese
Sünden kommen manchesmal ans Verbrechen heran; viel Liebe
wird nötig sein, um sie gutzumachen.

*Da sprach der Herr zu Kain: Wo ist dein Bruder Abel? Er
sprach: Ich weiß nicht, soll ich meines Bruders Hüter sein?
Er aber sprach: Was hast du getan? Die Stimme deines Bruders schreit zu mir von der Erde, die ihr Maul hat aufgetan
und deines Bruders Blut von deinen Händen empfangen
(Genesis 4, 9—11).*

*Jetzt gilt nicht mehr Jude und Grieche, Sklave und Freier,
Mann und Weib: ihr alle seid ja einer in Christus Jesus
(Galaterbrief 3, 28).*

Sie haben angegriffen, sie haben zugeschlagen.
Die Knüppel sausten mit brutaler Gewalt nieder, indes die
Tränengasbomben rauchten wie Gäste bei einem Fest.
Während die letzten Demonstranten flohen, trug man die
Verwundeten weg.
Die Türen der Gefängniswagen knallten hinter den erstaun-
ten, verängstigten oder empörten Gefangenen zu.
Die Fenster schlossen sich eins um das andere.
Auch die Gesichter verschlossen sich schmerzvoll,
Und die Menge zerstreute sich in kleinen Gruppen, während
die Neuigkeit sich rasch verbreitete: Sie haben einen
Nordafrikaner erschlagen.

Herr, er sieht mich noch an,
Ein starrer und kalter Blick, festgehalten für immer in der
    Angst seiner letzten Frage:
„Warum schlagt ihr mich tot?"
Er liegt hingestreckt am Boden mit zerrissenen Kleidern, aber
    das Haupt geschmückt mit einer Aureole von Blut, die
    der Tod auf den Gehsteig gemalt hat.
Seine leiblichen Augen schauen m i c h an,
Während seine entflohene Seele D i c h betrachtet voll Stau-
    nen über die unvorhergesehene Reise.

Herr, es ist widerlich.
Man hat ihnen gesagt: ihr gehört zur Familie,
Man hat sie zu uns kommen lassen wie zu Befreiern,
Man hat sie verwendet, wo niemand hatte dienen wollen,
Und da hat man sie, die Gefangenen ihrer Irrtümer,
Untergebracht wie die Tiere,
Ausgebeutet,
Verachtet,
Gedemütigt.
In dem Augenblick, da sie ihre Unzufriedenheit und ihre
    Empörung zeigen wollten,
Hat man sie mit dem Stock in der Hand in einem Straßen-
    winkel abgepaßt, wie die biederen Leute sich zusammen-
    tun, um einen gemeinen Hund zu erschlagen.

Herr, sie haben nicht die gleiche Hautfarbe wie wir,
Sie haben nicht dieselben Gewohnheiten, dieselben Sitten,
Herr, sie kommen von weit her . . .
Sollte sie Deine Erlösung nicht erreicht haben?
Oder sollten Deine Kinder vielleicht noch gar nicht erkannt
    haben, daß sie alle Brüder sind?
Daß sie alle getauft sind, gebadet im selben Blut,
In Deinem Blut, dem Blut eines G o t t e s ?

Herr, es sind noch überall Grenzen und Schranken aufge-
    richtet;
Es gibt noch Schwarze und Weiße,
Proletarier und Bürger,

Ausgebeutete und Ausbeuter,
Russen, Amerikaner, Deutsche und Franzosen.
Und manche Deiner Kinder lassen diese Schranken gelten,
Als ob es normal wäre, daß in ein und derselben Familie
einige Kinder die Reste in der Küche essen, während die
anderen sich's gutgehen lassen im Speisezimmer,
Als ob es normal wäre, daß manche bedient werden von den
anderen, als ihren Dienern,
Als ob es normal wäre, daß einige strenger bestraft werden
als die anderen,
Als ob es normal wäre, daß einige sich wild auf die anderen
stürzen, sie erniedrigen, verurteilen, umbringen.

Herr, wird Dein Blut uns bald vereinigen in einer und derselben Liebe,
Der Liebe unseres einzigen Vaters?
Werden wir es zustande bringen, die Hindernisse, die uns
trennen, zu fällen?
Werden wir als einzigen Unterschied die Geschenke gelten
lassen, die Du uns gegeben hast, und nicht „den Besitz",
den wir uns erworben haben?

*

Mein Kind, das Blut deines Bruders schreit zu mir.
Ein gar mächtiges Lied der Liebe wird nötig sein, um die
Stimme eines Toten zu übertönen, der von seinen Brü-
dern getötet wurde.

Die Arbeit ist nicht eine Strafe, sie ist eine Ehre, die Gott den Menschen bereitet hat. Der Vater wollte seine Schöpfung nicht allein vollenden. Er lädt sein Geschöpf zur Mitarbeit ein.

Die Arbeit ist auch Dienst, den die Menschen sich untereinander erweisen. Wenn sie auch schwierig geworden ist durch die Sünde, so hat sie doch nichts von ihrer Größe verloren. Durch die Arbeit trägt die Erde Früchte, sie läßt wachsen, aber die raubgierigen Menschen kämpfen und schlagen sich, um sich die neuen Güter anzueignen. Der irdische Bauplatz ist nur zu oft ein trauriges Gefangenenlager geworden, wo einige wenige die erzwungene Arbeit vieler anderer zu ihrem Vorteil ausnützen. Man müßte viel mehr lieben, um allmählich diese Sklaverei abzuschütteln, nicht durch Haß, sondern eben durch Liebe.

Wohlan, ihr Reichen! Weinet und klaget über das Elend, das über euch kommen wird ... Sehet, der Lohn, den ihr den Arbeitern, die eure Felder einernten, vorenthalten habt, er schreit, und der Schrei der Schnitter ist zu den Ohren des Herrn der Heerscharen gedrungen ... Ihr habt den Gerechten verurteilt und gemordet (Jakobusbrief 5, 1—6).

Denn das Harren der Schöpfung ist ein Harren auf die Offenbarung der Kinder Gottes ... Sie hat die Hoffnung, daß auch sie selbst befreit wird von der Knechtschaft der Vergänglichkeit zur herrlichen Freiheit der Kinder Gottes. Wir wissen, daß die ganze herrliche Schöpfung mitseufzt und in Wehen liegt bis jetzt (Römerbrief 8, 19—22).

Ich kenne Sklaven, Herr, und ich will Dich heute abend für
    sie bitten.

Er sollte eben als Spezialarbeiter angestellt werden,
Aber eine Stimme am Telephon hat es vereitelt, weil er in
    seiner früheren Fabrik Betriebsrat war,
Und der Sklave ist fortgegangen zur Armensuppe.
Herr, hab mit ihm Erbarmen.

Man hat gesagt: Ab Montag wird die Arbeit um sechs Uhr
dreißig beginnen,
Und die Sklavin hat ihre Kinder um sechs Uhr vor dem
Weggehen zur Arbeit aufgeweckt.
Herr, hab mit ihr Erbarmen.

„Wenn Sie noch einmal im Arbeitsraum sprechen, schmeiß'
ich Sie hinaus!" hat der Herr gebrüllt,
Und die Sklavin biß sich in die Lippen und schwieg.
Herr, hab mit ihr Erbarmen.

Sie wollte am Abend nicht nach Hause gehen, die Quartier-
frau hätte sie arbeiten lassen,
Aber sie hat kein Geld, und die Sklavin hat diesen Abend
noch nicht gegessen.
Herr, hab mit ihr Erbarmen.

Der Werkmeister hat gesagt: „Sie werden drei Stunden
weniger haben, erinnern Sie sich an die Kupplung vor-
gestern."
Und der Sklave, rot vor Scham und Zorn, hat den Kopf ge-
senkt, der Kinder wegen, die er zu Hause hat.
Herr, hab mit ihm Erbarmen.

„Sie werden vier Arbeitsgänge beaufsichtigen statt der drei",
hat der Abteilungsleiter gesagt,
Und die Sklavin hat schneller gearbeitet, um der Maschine
folgen zu können.
Herr, hab mit ihr Erbarmen.

Wie alle Wochen empfing ihre Herrschaft.
Weil sie im Salon schläft, muß sie den Weggang der Gäste
um drei Uhr früh abwarten,
Und die Sklavin erhob sich vier Stunden später, um ihre
Arbeit wieder aufzunehmen.
Herr, hab mit ihr Erbarmen.

So haben die ichsüchtigen Menschen ihre Brüder in die
Sklaverei zurückgeführt.

Herr, das hast Du nicht gewollt, als Du uns einludest, fürein-
ander zu arbeiten, um Deine Schöpfung zu vollenden.
Du wolltest, daß die Erde ein gewaltiger Bauplatz sei, wo
die geringste Geste des Menschen dem gemeinsamen
Werke dient.
Du wolltest, daß die Saatfelder und die rauchenden Fabriken,
die Büros und die Bauplätze untereinander verbunden
wären wie die Zellen eines einzigen Leibes,
Das Innere der Häuser, wo die Mütter arbeiten, und die Ein-
geweide der Erde, wo die Bergleute graben,
Das Laboratorium der Gelehrten und das Atelier der Künstler.
Du wolltest, daß die Menschen groß würden und sich ent-
falteten durch die Arbeit,
Und alle vereint am Ende der Zeiten, stolz auf diese Erde,
die sie umgewandelt, bewirtschaftet, vollendet hätten,
dem Vater mit Dir und in Dir den schönen Gegenstand
ihrer Arbeit darbrächten.

. . . .

Aber wir haben die menschliche Arbeit verpfuscht, Herr,
Wir haben das Geheimnis der Schöpfung entehrt.

*

Heute abend, Herr, bringe ich Dir dar den langgezogenen
Empörungsschrei der Menschen, der Sklaven der Arbeit,
Ich bringe Dir dar die Erniedrigung und die Qual jedes ein-
zelnen,
Ich bringe Dir dar den Kampf aller,
Ich bringe Dir dar die Geknüppelten,
die Eingesperrten,
die Erschossenen,
die Getöteten,
Dieses Heer von Arbeitern, das sich mit Schicksalsschlägen
herumschlägt, damit ihre Brüder befreit werden.
Herr, erleuchte sie mit Deinem Licht.
Laß sie hell sein in ihrem Streit,
Laß sie gerecht sein in ihrem Kampf,
Laß sie großmütig sein in ihrem Geschenk,

Laß sie vor allem wissen, wie sehr diese bessere Welt, die erbaut werden soll, Deinem Vater am Herzen liegt.

Reinige ihr Herz, Herr, daß sie sich aus Liebe plagen, und daß alle frei und stolz am Ende der Zeiten dem Vater des Paradies darbringen können, das sie mit Dir durch ihre Hände erbaut haben.

Die Menschen haben für die Menschen Gefängnisse eingerichtet, nicht nur Gefängnisse aus Stein, sondern auch unsichtbare Gefängnisse, die viel hindernder sind als die ersteren. Tatsächlich sind rings um uns die Menschen eingesperrt in soziale, ökonomische und politische Strukturen, die sie in die Sklaverei zurückversetzen. Die Last dieser unmenschlichen Zustände, die auf ihnen ruht, erdrückt nicht nur ihre äußere Freiheit, sondern ebenso auch ihre innere. Damit sie essen können, damit sie leben können, sind sie nur allzuoft gezwungen, ihre „Person" in Ketten legen zu lassen. Nun ist aber jeder Eingriff in die Freiheit des Menschen eine Beleidigung Gottes. Der Christ muß kämpfen für die Befreiung des Menschen; das ist eine wesentliche Forderung an sein Christsein, wir haben darauf schon aufmerksam gemacht.

Die Kohorte, der Oberst und die Knechte der Juden ergriffen nun Jesus und banden ihn (Johannes 18, 12).

Denn zur Freiheit seid ihr berufen, liebe Brüder! Nur mißbraucht die Freiheit nicht zu einem Vorwand für fleischliches Gelüste; dient vielmehr einer dem andern durch die Liebe. Denn das ganze Gesetz ist in dem einen Wort erfüllt: Du sollst deinen Nächsten lieben wie dich selbst (Galaterbrief 5, 13—14).

Auf den Mauern der Stadt,
Auf den Plakaten,
In den Zeitungen,
Auf den Flugblättern,
Überall habe ich gelesen: „Befreiet N. N. !"
Herr, es gibt überall Gefängnisse, und ich weiß, daß Du das
    nicht liebst.
Es gibt Gefängnisse, die sich nicht verbergen,
Und es gibt die getarnten Gefängnisse, die Ersatzgefängnisse,
    die Hilfsgefängnisse, weil es in den wirklichen nicht genug Platz gibt, um die ganze Welt einzusperren.
Es gibt Gefängnisse, die haben Gitter, solide Gitter, die man
    sieht und die man durchsägen kann.

Und solche, die unsichtbare Gitter haben, die man nicht erfassen und an denen man nicht vor Wut rütteln kann,
während man euch lächelnd sagt: Ihr seid doch frei, die
Türe ist offen, ihr könnt gehen; denn man weiß ganz
genau, daß man nicht fortgehen kann.
Es gibt Gefängnisse, in denen die Henker wüten, wahre
Bestien, die man berührt und die euch berühren und
euch wehtun,
Und solche, wo die Henker sich geschickt als Menschen ver-
kleiden, die euch zutiefst verwunden, ohne daß ihr je-
mals ihre tausend Hände wahrnehmen könntet.
Es gibt Gefängnisse, die man ganz einfach Gefängnis nennt,
freiweg, ohne Geschichten,
Und Gefängnisse, die man mit einer Menge erborgter Namen
benennt, damit es besser ausschaut, damit die Illusion
erhalten bleibt.
Gefängnisse, die man Elendswohnung, Stadt, Fabrik, Ball,
Unterhaltungsstätte nennt,
Gefängnisse, die man politisches Regime, Wirtschaftssystem,
Aktiengesellschaft, Vertrag, Gesetz, Verfügung nennt,
Gefängnisse, die man mit vielen anderen Namen bezeichnet,
in allen Ländern und zu allen Zeiten.

Herr,
Du bist es nicht, der sie erfunden hat.
Du hast uns frei geschaffen, frei, Dich zu lieben oder zurück-
zuweisen,
Denn wo bliebe die Liebe, wenn wir zum Lieben gezwungen
würden?
Der Mensch ist es, der Gefängnisse für den anderen Menschen
errichtet;
Die Gefängnisse aus Stein, in denen er allzuoft die anderen
einsperrt,
weil sie nicht denken wie er,
weil sie sich nicht ausdrücken wie er,
weil sie nicht handeln wie er.
Die unsichtbaren Gefängnisse, die er Schritt für Schritt eingerichtet hat aus Egoismus, Stolz oder Habsucht.

Ein Teil der Menschheit, Herr, hat den anderen Teil ins
Gefängnis gesperrt.

*

Mein Kind, was mich beunruhigt, sind nicht so sehr die Gefängnisse aus Stein;
Man braucht jetzt solche, seitdem ihr die Unordnung in die
Welt gebracht habt.
Wenn die Menschen sich ihrer bedienen, um die einzusperren,
die nicht wie sie denken, leide ich, denn sie beleidigen
meine eigenen Gedanken; aber ich weiß, daß die Seele
frei bleibt, und daß man sie nicht hindern kann zu den-
ken, wie sie will.
Doch siehst du, die unsichtbaren Gefängnisse sind es, die mich
verwunden.
Sie sind unzählbar auf der Welt, und viele meiner Kinder
werden in ihnen geboren, wachsen in ihnen auf und
sterben in ihnen;
Und vor allem, sie sind so eng, so hoch, so schwer, so qualvoll,
Daß sie die Leiber vernichten und die Seelen auslöschen.
Das ist schwerwiegend, mein Kind, denn sie löschen die Frei-
heit aus, die wahre Freiheit.
Sie lähmen sie,
Sie ketten sie an,
Sie zerstören sie,
Sie zerstören den Menschen.

Wohlan, Kind,
        unterschreibe,
        marschiere,
        demonstriere,
        schlage dich,
Damit N. N. befreit werde,
Vor allem aber, damit alle Gefangenen der unsichtbaren Ge-
fängnisse frei werden.
Denn ich, euer Gott, ich habe euch frei geschaffen, und lasse
euch die Freiheit.

Gott hat uns von aller Ewigkeit her gedacht, und seine Schöpferliebe läßt keinen Augenblick seine Aufmerksamkeit für uns geringer werden. Wir müssen in unseren Brüdern den Gedanken Gottes wiederfinden und ihn achten. Wir müssen ihnen gegenüber aufmerksam sein nach dem Bild des großen Aufmerksamen.

Denn in ihm ist alles erschaffen, im Himmel und auf Erden, das Sichtbare und das Unsichtbare ... Alles ist durch ihn und auf ihn hin erschaffen. Und er ist vor allem und alles hat in ihm Bestand (Kolosserbrief 1, 16—17).

Kein Haar soll von eurem Haupte verlorengehen (Lukas 2, 18).

Kauft man nicht fünf Sperlinge um zwei Pfennige? Und doch ist auch nicht einer von ihnen von Gott vergessen. Sogar die Haare eures Hauptes sind alle gezählt. Fürchtet euch also nicht: Ihr seid mehr wert als viele Sperlinge (Lukas 12, 6—7).

Eine Stunde lang hatte ich ihn unter den Augen,
Während der ganzen Konferenz.
Er war schön, dieser Schädel, Herr,
Gut poliert, helleuchtend, hufeisenförmig umgeben von einem
    Haarkranz, der sauber gekämmt und streng rings um
    den Rand der Glatze gelegt war.
Die Konferenz langweilte mich;
Ich hatte Zeit, nachzudenken,
Und ich habe gedacht, Herr, daß Du diesen Schädel gut
    kennst,
Du läßt ihn seit Jahren nicht aus den Augen, und jeden Tag
    sagst Du „ja" zur Natur, wenn sie die Erlaubnis erbittet,
    einige Haare mehr aus diesem Felde, das sich lichtet,
    wegzunehmen.
Du hast es in Deinem Evangelium gesagt: „Nicht ein Haar
    eures Hauptes fällt aus ohne meine Erlaubnis."

Es ist wahr, Herr, daß Du unausgesetzt an uns denkst.

Es ist wahr, daß seit jeher, ehe wir waren,
Selbst ehe die Welt existierte,
Du von mir träumst,
Du an mich denkst,
Du mich liebst.
Und es ist wahr, daß Deine Liebe mich geschaffen hat,
Als Einzelstück und nicht als Serienfabrikat,
Als Urbild und nicht am laufenden Band,
Wie nie einer vor mir und nie einer nach mir,
Notwendig für die Menschheit.
Es ist wahr, Herr, daß Du für mein Leben ein einmaliges
Schicksal ersonnen hast.
Es ist wahr, daß Du einen ewigen Plan hast, für mich ganz
allein,
Einen wunderbaren Plan, den Du seit jeher in Deinem Her-
zen trägst, wie ein Vater sich die kleinsten Kleinigkeiten
für das Leben des Kindes ausdenkt, von dem er träumt.
Es ist wahr, daß Du, unaufhörlich über mich gebeugt, mich
führst, um ihn zu verwirklichen, Licht auf meinem Weg
und Kraft für meine Seele.
Es ist wahr, daß Du traurig bist, wenn ich vom Wege ab-
weiche oder fliehe, aber daß Du herbeieilst, um mich
wieder aufzuheben, wenn ich strauchle oder wenn ich
falle.

Herr, der Du die Kahlköpfe machst, aber vor allem die
schönen Lebenswege,
Du, der göttliche Aufmerksame,
der göttliche Geduldige,
der göttliche Gegenwärtige,
Mache, daß ich keinen Augenblick Deine Gegenwart vergesse.
Ich bitte dich nicht, zu segnen, was ich mir selbst für mein
Leben herausgesucht habe,
Gib mir die Gnade, zu entdecken und zu leben, was Du für
mich erträumt hast.

Herr, gib, daß ich aus Deiner Gnade lebe und in meiner Aufmerksamkeit den anderen gegenüber ein wenig von der
Aufmerksamkeit übernehme, die Du für uns hast.

Mache, daß ich voll Demut in ihnen das Geheimnis Deiner
Schöpferliebe anbete,
Daß ich Dein Bild von ihnen achte, ohne ihnen meines auf-
drängen zu wollen,
Daß ich sie den Weg gehen lasse, den Du ihnen gezeichnet
hast, ohne zu versuchen, sie auf meinen Weg zu ziehen,
Daß ich erkenne, daß sie der Welt nötig sind, und daß ich
auch den Kleinsten unter ihnen nicht entbehren kann,
Daß ich nie müde werde, sie zu betrachten und mich zu be-
reichern an den Schätzen, die Du ihnen anvertraut hast.
Hilf mir, Herr, Dich zu loben auf ihrem Weg,
Dich wiederzufinden in ihrem Dasein.
Möge kein Augenblick ihres Lebens sich abrollen
Und kein Haar von ihrem Haupte fallen, ohne daß ich mit
Dir darauf aufmerksam bin.

Oft wären die Menschen lieber anderswo als da, wo sie sind, oder lieber zu anderer Zeit dort. Das ist ein gefährlicher Selbstbetrug. Jeder steht in der Welt da, wo das ewige Verlangen des Vaters ihn wollte. Wenn man in seinem Leben weiterkommen will und die Menschheit weiterbringen will, muß man mit allen Kräften des Leibes und der Seele auf seinem Platz stehen. Das Menschenleben ist ein göttliches Werk.

Und er bestellte die einen zu Aposteln, andere zu Propheten, andere zu Evangelisten, andere zu Hirten und Lehrern. Sie sollen die Heiligen heranbilden zur Ausrüstung des Dienstes, zur Erbauung des Leibes Christi, bis wir alle gelangen zur Einheit des Glaubens . . . Von ihm aus wird der ganze Leib zusammengefügt und zusammengehalten: durch jedes Gelenk, das da seinen Dienst zu verrichten hat, je nach der Kraft, die jedem Einzelglied zugemessen ist. Und so geht das Wachstum des Leibes vor sich, bis er sich selbst auferbaut hat in Liebe (Epheserbrief 4, 11—16).

Heute abend begann sich im Stadion die Nacht zu regen, sie
    bevölkerte sich mit zehntausend Schatten.
Und als die Scheinwerfer den Samt des weiten Rasens grün
    gemalt hatten,
Stimmte die Nacht einen Choral an, gespeist von zehntausend
    Stimmen.

Denn der Zeremonienmeister hatte das Zeichen zum Beginn
    des Amtes gegeben.
Die eindrucksvolle Liturgie rollte ohne Zwischenfall ab.
Der weiße Ball flog von Spieler zu Spieler, als ob alles vor-
    her aufs genaueste vorbereitet worden wäre.
Er ging von einem zum anderen, rollte auf der Erde oder
    flog über die Köpfe hinweg.
Jeder war auf seinem Platz, nahm ihn an, wenn die Reihe
    an ihm war, und mit einem abgemessenen Stoß spielte
    er ihn dem anderen zu, und der andere war da, um ihn
    seinerseits aufzunehmen und weiterzugeben.

Und weil jeder seine Arbeit tat, da, wo es ihm zukam,
Weil er den verlangten Einsatz leistete,
Weil er wußte, daß er alle anderen nötig hatte,
Kam der Ball langsam, aber sicher vorwärts;
Und als er die Bemühung jedes einzelnen erfahren hatte,
Als er die Herzen der elf Spieler vereinigt hatte,
Atmete die Gruppe auf und markierte das Siegestor.

Als beim Nachhausegehen die Menge mühsam durch die zu
    engen Gassen strömte,
Dachte ich, Herr, daß die menschliche Geschichte, die für uns
    eine lange Partie ist, für Dich diese große Feier sei,
Die wunderbare Zeremonie, die am Morgen der Zeiten be-
    gann, und die erst endigen würde, wenn der letzte Be-
    teiligte seine letzte Bewegung vollendet hätte.

In dieser Welt, Herr, hat jeder von uns seinen Platz;
Als vorausschauender Trainer hast Du ihn seit jeher jedem
    von uns bestimmt.
Du brauchst uns hier, unsere Brüder brauchen uns und wir
    brauchen alle.

Nicht der Posten ist wichtig, Herr, auf dem ich stehe, sondern
    die Vollendung und die Kraft meiner Bereitschaft.
Was macht es aus, ob ich vorne oder hinten bin, wenn ich
    nur mit allen meinen Kräften bin, was ich sein soll.

. . . . . .

Siehe, Herr, meinen Tag, wie ich ihn vor mir wieder ab-
    rollen lasse . . .

Bin ich nicht zu sehr an der Grenzlinie stehengeblieben und
    habe mit beiden Händen in der Tasche die Anstrengung
    der anderen kritisiert?
Habe ich meinen Platz gut gehalten und hast Du mich dort
    gefunden, als Du unser Spielfeld anschautest?
Habe ich das „Zuspiel" meines Nachbarn gut aufgenommen
    und das des anderen ganz am Rande des Rasens?

Habe ich meine Kameraden gut „bedient" und nicht zu „eigennützig" gespielt, um mich in Ansehen zu setzen?
Habe ich das Spiel so „aufgebaut", daß der Sieg errungen würde und alle dazu beitrügen?
Habe ich gekämpft bis ans Ende trotz der Niederlagen, der Schläge und der Schrammen?
Bin ich nicht verwirrt worden durch die Zurufe der Kameraden und der Zuschauer, entmutigt worden durch ihr Unverständnis und ihre Verweise, aufgebläht worden durch ihren Beifall?
Habe ich daran gedacht, meine Partie zu beten und nicht zu vergessen, daß in den Augen Gottes dieses Spiel der Menschen die erste der religiösen Pflichten ist?

Ich kehre jetzt in den Ankleideraum zurück, um mich auszuruhen, Herr;
Wenn Du morgen das Spiel anpfeifst, werde ich eine neue Halbzeit spielen,
Und so jeden Tag . . .
Gib, daß diese gleichzeitig mit all meinen Brüdern gespielte Partie die gewaltige Liturgie sei, die Du von uns erwartest,
Damit, wenn Dein letzter Pfiff unser Leben abbricht,
Wir auserwählt seien für den Siegespokal des Himmels.

Alle Menschen beklagen sich, sie hätten nicht genug Zeit. Das kommt davon, daß sie ihr Leben mit allzu menschlichen Augen betrachten. Man hat immer Zeit, das zu tun, was Gott uns zu tun gibt. Aber man muß in den Augenblicken, die er uns anbietet, ganz dabei sein.

Sehet also zu, Brüder, wie ihr vorsichtig wandelt, nicht wie Unweise, sondern wie Weise. Erkaufet die Zeit; denn die Tage sind böse. Seid daher nicht unverständig, sondern lernt einsehen, was der Wille des Herrn ist (Epheserbrief 5, 15—17).

Herr, ich bin ausgegangen,
Draußen gingen die Menschen.

Sie gingen,
Sie kamen,
Sie eilten,
Sie liefen.

Die Fahrräder liefen,
Die Wagen liefen,
Die Lastautos liefen,
Die Straße lief,
Die Stadt lief,
Alles lief.
Sie liefen, um keine Zeit zu verlieren,
Sie liefen hinter der Zeit her,
    um die Zeit einzuholen,
    um Zeit zu gewinnen.

Auf Wiedersehen, mein Herr, entschuldigen Sie, ich habe
    keine Zeit.
Ich werde wieder vorbeikommen, ich kann nicht warten, ich
    habe keine Zeit.
Ich beende diesen Brief, denn ich habe keine Zeit.

Ich hätte Ihnen gerne geholfen, aber ich habe keine Zeit.
Ich kann es nicht annehmen, keine Zeit.
Ich kann nicht überlegen, lesen, ich bin überlastet, ich habe
keine Zeit.
Ich möchte beten, aber ich habe keine Zeit.

Herr, Du verstehst, sie haben keine Zeit;
Das Kind, es spielt, es hat augenblicklich keine Zeit...
später...
Der Schüler, er muß seine Aufgabe machen, er hat keine
Zeit... später...
Der Gymnasiast, er hat seine Kurse und so viel Arbeit, er
hat keine Zeit... später...
Der junge Mann, er treibt Sport, er hat keine Zeit...
später...
Der Jungvermählte, er hat sein Haus, er muß es einrichten,
er hat keine Zeit... später...
Der Familienvater, er hat seine Kinder, er hat keine Zeit...
später...
Die Großeltern, sie haben ihre Enkelkinder, sie haben keine
Zeit... später...
Sie sind krank! Sie haben ihre Sorgen, sie haben keine Zeit...
später...
Sie sind im Sterben, sie haben keine...
Zu spät... sie haben keine Zeit mehr!

So laufen die Menschen alle hinter der Zeit her, o Herr;
Sie gehen laufend über die Erde,
eilig,
herumgestoßen,
überladen,
mürrisch,
überlastet,
Und sie kommen nie ans Ziel, es fehlt ihnen an Zeit,
Trotz all ihrer Anstrengungen fehlt es ihnen an Zeit,
Es fehlt ihnen sogar sehr an Zeit.
Herr, Du mußt Dich getäuscht haben in den Berechnungen.
Es muß ein Grundfehler darin sein;
Die Stunden sind zu kurz,

Die Tage sind zu kurz,
Die Lebenszeiten sind zu kurz.
Du, der Du außerhalb der Zeit stehst, Du lächelst, Herr, wenn
    Du siehst, wie wir uns mit ihr herumschlagen,
Und Du weißt, was Du tust.
Du täuscht Dich nicht, wenn Du den Menschen die Zeiten
    zuteilst,
Du gibst jedem die Zeit zu tun, was Du willst, daß er tun
    soll.
Aber man darf keine Zeit verlieren,
    keine Zeit vergeuden,
    die Zeit nicht totschlagen;
Denn die Zeit ist ein Geschenk, das Du uns machst,
Aber ein vergängliches Geschenk,
Ein Geschenk, das sich nicht aufbewahren läßt.

Herr, ich habe Zeit,
Ich habe meine Zeit für mich,
Alle Zeit, die Du mir gibst,
Die Jahre meines Lebens,
Die Tage meiner Jahre,
Die Stunden meiner Tage,
Sie gehören alle mir.
An mir ist es, sie zu füllen, ruhig und gelassen,
Aber sie ganz zu füllen, bis zum Rande,
Um sie Dir darzubringen, damit Du aus ihrem schalen Was-
    ser einen edlen Wein machst, wie Du es einst tatest, zu
    Kanaa, für die Hochzeit der Menschen.

Herr, ich bitte Dich heute abend nicht um die Zeit, dieses
    und dann noch jenes zu tun,
Ich bitte Dich um die Gnade, in der Zeit, die Du mir gibst,
    gewissenhaft das zu tun, was Du willst, daß ich tun soll.

Wir sind aus Liebe und für die Liebe geschaffen. Auf Erden lernen wir lieben. Im Tode werden wir unsere Prüfung über die Liebe ablegen. Wenn wir uns genug darin geübt haben, werden wir ewiglich in der Liebe leben. Jedesmal, wenn wir hier unten uns selber lieben (Egoismus), verfälschen wir ein wenig unsere Bestimmung und die Bestimmung der Welt. Es gibt nur zwei Arten von Liebe, die Liebe zu uns selbst und die Liebe zu Gott und den anderen.

Lieben heißt, zwischen diesen beiden Arten der Liebe wählen.

Niemand kann zwei Herren dienen, denn er wird den einen hassen und den anderen lieben, oder er wird dem einen anhangen und den anderen verachten (Matthäus 6, 24).

Wer seinen Bruder liebt, der bleibt im Lichte, und kein Anstoß ist in ihm. Wer aber seinen Bruder haßt, der ist in der Finsternis und wandelt in der Finsternis; er weiß nicht, wohin er geht, weil die Finsternis seine Augen geblendet hat (1. Johannesbrief 2, 10—11).

Herr, es gibt nur zwei Arten von Liebe,
Die Eigenliebe und die Liebe zu Dir und den anderen,
Und jedesmal, wenn ich mich liebe, ist ein bißchen weniger
    Liebe für Dich und für die anderen,
Ist es ein Schwindel an Liebe,
Ein Verlust an Liebe;
Denn die Liebe ist geschaffen, um von mir auszugehen und
    zu den anderen zu fliegen.
Jedesmal, wenn sie auf mich zurückkommt, siecht sie dahin,
    verfault und stirbt.
Die Eigenliebe, Herr, ist ein Gift, das ich jeden Tag einsauge;
Die Eigenliebe bietet mir eine Zigarette an und gibt meinem
    Nachbarn keine;
Die Eigenliebe wählt den besseren Teil und hütet den besseren Platz;

Die Eigenliebe schmeichelt meinen Sinnen und stiehlt sich
ihre Nahrung auf dem Tisch der anderen;
Die Eigenliebe spricht von mir und macht mich taub für das
Wort des anderen;
Die Eigenliebe wählt und drängt die Wahl dem Freunde auf;
Die Eigenliebe verkleidet und verstellt mich, sie will mich
glänzend machen und die anderen auslöschen;
Die Eigenliebe beklagt mich und beachtet nicht das Leiden
der anderen;
Die Eigenliebe predigt meine Gedanken und mißachtet die
der anderen;
Die Eigenliebe findet mich tugendhaft, sie nennt mich einen
anständigen Menschen;
Die Eigenliebe fordert mich auf, Geld zu verdienen, um es
für mein Vergnügen auszugeben, um es aufzusparen für
meine Zukunft;
Die Eigenliebe rät mir, den Armen zu geben, um mein
Gewissen einzuschläfern und in Frieden zu leben;
Die Eigenliebe zieht mir Hausschuhe an und setzt mich in
einen Lehnstuhl.
Die Eigenliebe ist zufrieden mit mir und schläfert mich sanft
ein.

Herr, was noch schwerer wiegt, ist, daß die Eigenliebe eine
gestohlene Liebe ist.
Sie war bestimmt für die anderen, sie hätten sie gebraucht,
um leben und sich entfalten zu können, ich aber habe
sie anders gelenkt.
So schafft die Eigenliebe das menschliche Leiden,
So schafft die Liebe den Menschen zu sich selber das mensch-
liche Elend,
Alle menschlichen Nöte,
Alle menschlichen Leiden:
Das Leiden des Buben, den seine Mutter ohne Grund geohr-
feigt hat, und das des Mannes, den der Chef vor den
Arbeitern tadelt;
Das Leiden des häßlichen Mädchens, das auf einem Ball
sitzengelassen wurde, und das der Gattin, die ihr Mann
nicht mehr küßt;

Das Leiden des Kindes, das man zu Hause läßt, weil es lästig
   ist, und das des Großvaters, über den sich die Kinder
   lustig machen, weil er zu alt ist;
Das Leiden des ängstlichen Menschen, der sich nicht anver-
   trauen konnte, und das des ruhelosen Jünglings, dessen
   Qual man lächerlich gemacht hat;
Das Leiden des Verzweifelten, der sich in den Kanal stürzt,
   und das des Verbrechers, den man zur Hinrichtung führt;
Das Leiden des Arbeitslosen, der arbeiten möchte, und das des
   Arbeiters, der für einen lächerlichen Lohn seine Gesund-
   heit verbraucht;
Das Leiden des Vaters, der in der Nähe einer leeren Villa
   seine Familie in einem einzigen Zimmer zusammen-
   pfercht, und das der Mutter, deren Kinder Hunger
   haben, während man die Reste eines Festes in den Ab-
   fallkübel wirft;
Das Leiden dessen, der verlassen stirbt, während seine Familie
   im Nebenzimmer beim Kaffeetrinken das unvermeidliche
   Ende erwartet.

. . . . .

Alle Leiden,
Alle Ungerechtigkeiten, Bitternisse, Erniedrigungen, Kümmer-
   nisse, Haßgedanken, Verzweiflungen,
Alle Leiden sind ein unersättlicher Hunger,
Ein Hunger nach Liebe.
So haben die Menschen langsam eine Ichsucht nach der an-
   deren aufgebaut, eine entstellte Welt, die die Menschen
   erdrückt;
So vertreiben die Menschen auf Erden ihre Zeit, um von
   ihrer entehrten Liebe zu prassen,
Während um sie herum die anderen die Arme nach ihnen
   ausstrecken und vor Hunger sterben.
Sie haben die Liebe vergeudet,
Ich habe Deine Liebe vergeudet, Herr.

Heute abend bitte ich Dich, hilf mir lieben.

Schenk mir, Herr, daß ich die wahre Liebe wieder in der
Welt ausbreite.
Gib, daß sie durch mich und Deine Kinder ein wenig eindringt in alle Lebenskreise, in alle Gesellschaftsschichten,
in alle Systeme der Wirtschaft und Politik, in alle Ge-
setze, in alle Verträge, in alle Bestimmungen;
Gib, daß sie eindringt in die Büros, die Fabriken, die Stadt-
bezirke, die Häuser, die Kinos, die Ballsäle;
Gib, daß sie eindringt in das Herz der Menschen, und laß
mich nie vergessen, daß der Kampf für eine bessere Welt
ein Kampf der Liebe ist im Dienst der Liebe.

Hilf mir lieben, Herr,
Hilf mir,
meine Liebeskräfte nicht zu vertrödeln,
mich immer weniger und die anderen immer mehr zu
lieben,
Damit rings um mich niemand leidet oder stirbt, weil ich die
Liebe gestohlen habe, die er zum Leben gebraucht hätte.

*

Mein Kind, du wirst es nie zustande bringen, genug Liebe in
des Menschen Herz und in die Welt zu legen.
Denn der Mensch und die Welt haben Hunger nach einer un-
endlichen Liebe,
Und nur Gott allein kann lieben mit einer Liebe ohne Gren-
zen.
Aber wenn du willst, Kind, gebe ich dir Mein Leben,
Nimm es in dich auf.
Ich schenke dir Mein Herz, ich schenke es Meinen Kindern.
Liebe mit Meinem Herzen, Kind,
Und alle zusammen werdet ihr die Welt satt machen und
werdet sie so retten.

Wenn das Evangelium in seiner ganzen Reinheit verkündet wird, begeistert es, erschreckt es oder erregt es Ärgernis. Es muß diese heftige Reaktion hervorrufen, denn es ist dem sündigen Menschen und der „Welt" diametral entgegengesetzt. Sooft ein Mensch vom Evangelium berührt wird, ist sein ganzes Leben, wenn er ehrlich ist, in Frage gestellt, denn die Forderung Christi duldet keine Halbheit.

Selig seid ihr, wenn euch die Menschen schmähen und verfolgen und alles Böse fälschlich wider euch aussagen um meinetwillen. Freuet euch und frohlocket, denn euer Lohn ist groß im Himmel (Matthäus 5, 11–12).

Glaubet nicht, daß ich gekommen bin, Frieden auf die Erde zu bringen! Ich bin nicht gekommen, Frieden zu bringen, sondern das Schwert! (Matthäus 10, 34).

Wenn die Welt euch haßt, so wisset, daß sie mich vor euch gehaßt hat. Wäret ihr von der Welt, so würde die Welt das Ihrige lieben. Weil ihr aber nicht von der Welt seid, sondern ich euch von der Welt auserwählt habe, darum haßt euch die Welt. Gedenket meiner Rede, die ich zu euch gesprochen habe: Ein Diener ist nicht größer als sein Herr. Haben sie mich verfolgt, so werden sie auch euch verfolgen (Johannes 15, 18–20).

Ich habe einen Priester, der nach dem Evangelium lebte, das Evangelium predigen gehört.
Die Kleinen, die Armen waren begeistert,
Die Großen, die Reichen nahmen Anstoß.
Und ich dachte, daß man das Evangelium nicht lange zu predigen braucht, damit viele von denen, die heute die Kirchen füllen, fortgehen, und die, die sie verlassen haben, sie füllen.
Ich dachte, daß es ein schlechtes Zeichen für einen Christen ist, von den „anständigen Leuten" geachtet zu werden.
Man müßte, glaube ich, mit dem Finger auf uns zeigen und uns für Narren und Aufrührer halten,

Man müßte, glaube ich, uns Schwierigkeiten machen, Be-
schwerdeschriften gegen uns unterzeichnen ... versuchen,
uns zugrunde zu richten.

Herr, heute abend habe ich Angst.
Ich habe Angst, denn Dein Evangelium ist schrecklich.
Es ist leicht, es verkünden zu hören,
Es ist noch relativ leicht, daran keinen Anstoß zu nehmen,
Aber es ist schwer, es zu leben.

Herr, ich habe Angst, mich zu täuschen.
Ich habe Angst, zufriedengestellt zu sein mit meinem kleinen
     anständigen Leben;
Ich habe Angst vor meinen guten Gewohnheiten, ich halte sie
     für Tugenden;
Ich habe Angst vor meinen geringen Kräften, sie lassen mich
     meinen, ich käme vorwärts;
Ich habe Angst vor meiner Geschäftigkeit, sie macht mich
     glauben, ich verschenke mich;
Ich habe Angst vor meinen gescheiten Organisationen, ich
     halte sie für große Erfolge;
Ich habe Angst vor meinem Einfluß, ich bilde mir ein, daß
     er das Leben der anderen ändert;
Ich habe Angst vor dem, was ich schenke, weil es mir ver-
     birgt, was ich nicht schenke.
Herr, ich habe Angst, denn es gibt Leute, die sind ärmer als
     ich,
Es gibt Leute, die sind weniger unterrichtet als ich,
     weniger gebildet,
     schlechter untergebracht,
     schlechter versorgt,
     schlechter bezahlt,
     schlechter genährt,
     schlechter gepflegt,
     weniger geliebt.
Herr, ich habe Angst, denn ich tue nicht genug für sie,
Ich tue nicht alles für sie.

Ich müßte alles schenken,
Ich müßte alles schenken, bis es kein einziges Leiden, kein
    einziges Elend, keine einzige Sünde mehr in der Welt
    gäbe.
Kurz, Herr, ich müßte alles schenken, immer,
Ich müßte mein Leben verschenken.

Herr, das kann doch nicht ganz stimmen,
Das gilt nicht für alle,
Ich übertreibe, man muß vernünftig sein.

*

Mein Kind, es gibt nur ein Gebot,
Für alle:
„Du sollst lieben aus deinem g a n z e n Herzen,
    aus deiner g a n z e n Seele,
    aus a l l e n deinen Kräften."

STUFEN AUF DEM WEGE CHRISTI
UND DER MENSCHEN

In diesen Gebeten darf man keine Abhandlung über das geistliche Leben des Christen suchen. Sie sind nur ein paar Richtpunkte, einige Stufen, die uns bei vielen Tatchristen besonders beeindruckt haben und uns anregten, ihre Ausdrücke, ihre Worte zu sammeln, um sie auf ihrem Wege zu erleuchten und ihnen zu helfen, Gott anzureden.

Die ersten Gebete sind leicht zu begreifen, aber die letzteren kann man nicht mehr mit seinem Verstand allein erfassen. Da braucht man sein Leben. Wer diese Entwicklung nicht selbst erlebt hat, wird über die Armut der Worte lächeln, aber für all die, die sie gewagt haben — dank der Gnade Gottes —, werden die Worte, so schwach sie auch sein mögen, ein heimliches Leben haben. Sie werden sich selbst wiederfinden.

Andere Gebete hätten noch folgen können, aber sie wären nur für wenige gewesen. Das Wissen genügt, daß Gott einen Menschen, der sich entschlossen hat, ihn und die anderen aufzunehmen, auch weiterleiten wird, über sich selbst hinauszuwachsen.

Es gibt Menschen, die sind ihre eigenen Opfer. Sie sind unglücklicher, als man sich vorstellen kann, denn sie sind dazu verdammt, nur sich selbst zu lieben. Man muß ihr Leiden verstehen, um sie davon zu befreien, denn dieses Leiden ist nichts weniger als die Erfahrung der Hölle. Es kann aber auch der Ausgangspunkt für ihr Heil sein, wenn sie einem Freund begegnen, der ihnen klarmacht, daß sie ihr eigener Henker sind; wenn sie vor allem einem Christen begegnen und in ihm dem Licht und der Freude, die aus sich selber herauslocken.

Vielleicht werden sie dann unter dieser oder jener Form das folgende Gebet verrichten. Wenn sie schließlich ehrlich Gott bitten, sie von sich selber zu befreien, dann sind sie gerettet. Das ist die erste Stufe.

Auch wir können dieses Gebet an Abenden verrichten, wo wir uns in uns selbst zurückgezogen haben, um den anderen und sogar Gott zu entfliehen.

Als er sich auf den Weg machte, lief einer herbei, kniete vor ihm nieder und fragte ihn: Guter Meister, was muß ich tun, um das ewige Leben zu erlangen?
... Jesus aber blickte ihn liebevoll an und sprach zu ihm: Eines fehlt dir noch; geh hin, verkaufe alles, was du hast, und gib es den Armen, so wirst du einen Schatz im Himmel haben; dann komm und folge mir nach. Jener wurde traurig über dieses Wort und ging betrübt davon; denn er hatte viele Güter (Markus 10, 17—22).

Herr, hörst Du mich?

Ich leide entsetzlich.
Verriegelt in mir selbst,
Gefangener meiner selbst,
Höre ich nichts als meine eigene Stimme,
Sehe nichts als mich selbst,
Und hinter mir gibt es nur Leiden.

Herr, hörst Du mich?

Befreie mich von meinem Leib; er ist nichts als Hunger, und alles, was er berührt mit seinen unzähligen großen Augen, mit seinen tausend ausgestreckten Händen, gilt nur, um sich dessen zu bemächtigen und den Versuch zu machen, seinen unersättlichen Appetit zu stillen.

Herr, hörst Du mich?

Befreie mich von meinem Herzen; es ist ganz aufgeblasen von Liebe, aber während ich wie ein Tor zu lieben glaube, ahne ich voll Zorn, daß es immer noch mein eigenes Ich ist, das ich durch den anderen liebe.

Herr, hörst Du mich?

Befreie mich von meinem Geist; er ist ganz von sich eingenommen, von seinen Gedanken, von seinen Erkenntnissen; er versteht nicht, ein Zwiegespräch zu führen, denn kein anderes Wort außer dem seinen erreicht ihn.

Einsam bin ich und langweile mich,
   ich bin meiner überdrüssig,
   ich bin mir selbst ein Greuel,
   ich bin mir widerlich
Seit der Zeit, da ich mich in meine schmutzige Haut zurückziehe wie in ein hitziges Fieberbett, das man fliehen möchte.
Alles kommt mir gemein, häßlich und lichtlos vor,
... eben weil ich alles immer nur durch mich hindurch sehen kann.
Ich bin schon so weit, daß ich die Menschen und die ganze Welt hasse,
... bloß aus Trotz, weil ich sie nicht lieben kann.
Ich möchte fortgehen,
Ich möchte in ein anderes Land gehen, ja laufen.
Ich weiß, daß es die F r e u d e gibt, ich habe Gesichter gesehen, auf denen sie sang.
Ich weiß, daß das L i c h t leuchtet, ich habe Blicke gesehen, die es erhellt hat.
Aber, Herr, ich kann nicht fortgehen, ich liebe und hasse mein Gefängnis zu gleicher Zeit,

Denn mein Gefängnis bin ich,
Und mich liebe ich;
Ich liebe mich, Herr, und ich habe Ekel vor mir.

Herr, ich finde nicht einmal mehr die Türe zu mir.
Ich schleppe mich dahin und tappe im Finstern wie ein
    Blinder,
Ich stoße mich an meinen eigenen Wänden, an meinen
    eigenen Grenzen,
Ich verwunde mich,
Mir ist schlecht,
Mir ist so schlecht, und niemand weiß davon, denn niemand
    kehrt bei mir ein.
Ich bin ganz allein.

Herr, Herr, hörst Du mich?
Herr, zeige mir meine Türe,
    nimm meine Hand,
Tu auf,
Zeige mir den Weg,
Den Weg der F r e u d e und des L i c h t s.

... Aber ...
Aber, Herr, hörst Du mich denn?

Kind, ich habe dich gehört.
Du jammerst mich.
Schon lange sehe ich deine geschlossenen Fensterläden: Mach
    sie doch auf, mein Licht wird dich erleuchten.
Schon lange stehe ich vor deiner verschlossenen Türe: Tu sie
    doch auf, du wirst mich auf der Schwelle finden.

Ich erwarte dich, die anderen erwarten dich,
Aber du mußt aufmachen,
Aber du mußt dich von dir frei machen.

Warum willst du dein Gefangener bleiben?
Du bist frei.
Nicht ich habe deine Türe verschlossen,
Nicht ich bin es, der sie wieder öffnen kann,
... Denn du allein hältst sie von innen fest verriegelt.

Wer begonnen hat, sich an die anderen zu verschenken, ist gerettet. Indem er seinen Nächsten aufnimmt, nimmt er Gott auf und wird frei von sich selbst. Wir sind ja selber unser ärgster Todfeind. Menschlich gesehen, verschaffen wir uns Leiden, und übernatürlich gesehen versperren wir uns den Weg zu Gott. Manche Menschen richten ihren ganzen Eifer darauf, sich selbst möglichst zu vervollkommnen. Sie prüfen sich, verbringen ihre Zeit damit, gegen ihre Fehler zu kämpfen, und kommen nie zu Ende mit sich selber: höchstens, daß sie manchmal kleine Treibhaus-Tugenden nach ihren dürftigen Maßstäben züchten. Sie gehen in die Irre. Gewisse Erzieher ermutigen sie noch auf diesem Wege und merken nicht, daß sie sie auf sich selber zurückwerfen und zum Stillstand verurteilen, wenn sie ihnen solche Fehler zu bekämpfen und solche Eigenschaften zu erwerben geben.

Im Gegenteil, man muß sich ihnen zuneigen, um in erster Linie nicht das, was sie an Schlechtem, sondern was sie an Gutem haben, zu erkennen, das heißt, man muß ihren Reichtum entdecken. Dann muß man im einzelnen die Lebensumstände kennenlernen, in denen sie aufwachsen, und ihnen konkret helfen, ganz da zu sein, um sich an die anderen zu verschenken.

Alle können und müssen schenken. Wenn sie e i n Talent haben, sollen sie das schenken; wenn sie z e h n Talente haben, sollen sie die zehn schenken. Nur im Schenken kann man empfangen.

Wer aber diese Hingabe begonnen hat, wird sehr schnell merken, wenn er ehrlich ist, daß es keinen Rückzug mehr gibt. Er bekommt es mit der Angst: Man muß ihm dann Mut machen, ihm zeigen, daß er sein Leben nur gewinnen und die F r e u d e Gottes kennenlernen wird, wenn er sich an die anderen verschenkt.

Nach langer Zeit kam der Herr dieser Knechte und hielt Abrechnung mit ihnen. Es kam der, welcher die fünf Talente empfangen hatte, brachte fünf andere Talente und sprach:
Herr, fünf Talente hast du mir übergeben: siehe, ich habe noch fünf andere dazugewonnen. Da sprach sein Herr zu ihm: Recht so, du guter und getreuer Knecht! Weil du über Weniges getreu gewesen bist, so will ich dich über vieles

setzen. Geh ein in die Freude deines Herrn (Matthäus 25,
19—21).

Daran haben wir die Liebe erkannt, daß er sein Leben für
uns hingab. So müssen auch wir das Leben geben für die
Brüder. Wie kann die Liebe Gottes in dem bleiben, der ir-
disches Gut besitzt, wenn er seine Brüder Not leiden sieht?
Meine Kindlein, wir wollen lieben nicht mit Worten und
nicht mit der Zunge, sondern in Tat und Wahrheit. Daran
erkennen wir, daß wir aus der Wahrheit sind (1. Johannes-
brief 3, 16—19).

Herr, warum hast Du mir befohlen, alle meine Menschen-
    brüder zu lieben?
Ich habe es versucht, aber erschrocken kehre ich zu Dir zu-
    rück . . .

Herr, ich war so ruhig bei mir, ich hatte mich eingerichtet,
    ich hatte es mir wohnlich gemacht.
Mein Inneres war in Ordnung und ich fühlte mich wohl.
Ich war allein, aber im Einklang mit mir selbst.
Sicher vor Wind, Regen und Schmutz.
Ich wäre rein geblieben in meinem verschlossenen Turm.
Da aber hast Du, Herr, in meiner Festung einen Spalt ent-
    deckt,
Du hast mich genötigt, meine Tür halb aufzumachen,
Wie ein Regenschauer ins offene Antlitz, so hat der Schrei
    der Menschen mich aufgeweckt;
Wie ein Sturmwind hat eine Freundschaft mich erschüttert;
Wie ein Sonnenstrahl unvermerkt eindringt, hat Deine Gnade
    mich beunruhigt
. . . und ich habe meine Tür ein wenig offengelassen, unklug,
    wie ich war.
Herr, nun bin ich verloren!

Draußen belauerten mich die Menschen.
Ich wußte nicht, daß sie so nahe seien; in diesem Haus, in
    dieser Straße, in diesem Büro; mein Nachbar, mein Kol-
    lege, mein Freund.
Seit ich den Spalt geöffnet habe, habe ich sie gesehen mit
    ausgestreckter Hand, mit sehnsüchtigem Blick, mit ausge-

spannter Seele, Almosen heischend wie Bettler vor den
Kirchtüren.

Die ersten sind bei mir eingekehrt, Herr. Es gab doch ein
wenig Platz in meinem Herzen.
Ich habe sie aufgenommen, ich hätte schon Sorge für sie
getragen, ich hätte sie geliebkost und zurechtgemacht,
meine kleinen Schäflein, meine kleine Herde.
Du wärest schon zufrieden gewesen, Herr, gut bedient, wohl-
geehrt, sauber, ordentlich.
Bis hieher war es vernünftig ...
Aber die folgenden, Herr, die anderen Menschen, die hatte
ich nicht gesehen; die ersten hatten sie verdeckt.
Sie waren zahlreich, sie waren elender, sie haben mich ohne
Warnung überflutet.
Ich mußte mich wieder einschließen, ich mußte wieder Platz
bei mir schaffen.

Jetzt sind sie von überallher gekommen, in ununterbrochenen
Wellen, die einen stießen und drängten die anderen.
Sie sind von überallher gekommen, aus der ganzen Stadt,
aus dem ganzen Land, aus der ganzen Welt; unzählbar
und unerschöpflich.
Sie sind nicht mehr vereinzelt, sondern in Gruppen, in Kette,
aneinandergebunden, vermischt, fest verbunden wie
Stücke der Menschheit.
Sie sind nicht mehr allein, sondern belastet mit schwerem
Gepäck; Gepäck der Ungerechtigkeit, Gepäck des Grolles
und des Hasses, Gepäck des Leidens und der Sünde ...
Sie ziehen die Welt hinter sich her, schleppen ihren ganzen
verrosteten und verdrehten Plunder mit oder sind gierig
nach dem jeweils Modernsten, das sie ohne Sinne an-
wenden und gebrauchen.

Herr, sie tun mir weh! Sie stehn im Weg, sie sind rücksichts-
los.
Sie haben zuviel Hunger, sie verschlingen mich!
Ich kann nichts mehr machen; je mehr kommen, um so mehr
klopfen an die Tür, und um so weiter tut die Tür sich
auf ...

Ach, Herr, meine Tür ist ganz weit offen!
Ich kann nicht mehr! Das ist zuviel für mich! Das ist kein
    Leben mehr!
        Und meine Lage?
        Und meine Familie?
        Und meine Ruhe?
        Und meine Freiheit?
        Und ich selber?
Ach, Herr, ich habe alles verloren, ich bin nicht mehr ich;
Für mich gibt es keinen Platz mehr in meinem eigenen Haus.

*

Fürchte nichts, sagt Gott, du hast a l l e s gewonnen,
Denn während die Menschen bei dir einkehrten,
Habe ich, dein Vater,
Ich, dein Gott,
Mich mit ihnen eingeschlichen.

Ausgezeichnet durch die Freude des ersten Geschenkes, vermag der Christ nicht mehr zurückzuweichen. Sein empfindsames Herz ist ganz und gar entflammt, und es hat ihm geholfen, die Hindernisse zu überwinden. Er kommt voran, weil er gezogen und gedrängt wird von „den anderen", deren Forderung von Mal zu Mal ungestümer wird. Und siehe: Gott wird offenbar. Nicht mehr verborgen hinter den anderen, sondern im vollen Licht. Er will aufgenommen werden, und zwar nicht mehr in irgendeinem Winkel. Er beansprucht den ganzen Platz im Menschen und in dessen Wirken. Wenn der Tatchrist ihn erkannt hat, dann flieht er oftmals, denn er weiß, daß Gott die bedingungslose, ganze Hingabe fordern wird, wenn er sich mit ihm verbindet. Ohne Unterlaß verfolgt der Herr den Christen, um von ihm das „Ja" zu erlangen, das sein Leben vergöttlichen wird.

Dieses Gebet wird nur der wirklich verstehen, der diesen „Kampf" mit Gott erlebt hat.

Es ist eine schmerzvolle Stufe: der Erzieher, der Freund muß sie begreifen. Er muß verhalten sein, um Gott nicht im Wege zu stehen, denn dieser selbst hat nun die Ausformung seines Kindes in die Hand genommen; aber er muß bereit sein, die Situation im Glauben zu erhellen, er muß helfen, den Herrn zu erkennen, er muß die Fragen der Liebe erklären, die der Herr fortwährend im Leben und durch das Leben stellt. Er muß die Begegnung mit dem Herrn aufdecken, seine Schritte und seine Bemühungen; er muß Mut machen und einladen, ja zu sagen. Der Mensch schadet sich sonst selbst durch seinen Widerstand: das muß man ihm klarmachen. Denn man verliert immer, wenn man mit Gott kämpft. Er ist der Stärkere. Seine L i e b e ist stärker.

Der Engel Gabriel trat bei Maria ein und sprach: Sei gegrüßt, du Gnadenvolle! Der Herr ist mit dir. Sie erschrak über seine Rede und dachte nach, was dieser Gruß bedeuten sollte. Der Engel sprach zu ihr: Fürchte dich nicht, Maria; denn du hast bei Gott Gnade gefunden. Siehe, du wirst empfangen und einen Sohn gebären. Dem sollst du den Namen Jesus geben. Dieser wird groß sein und der Sohn des Allerhöchsten genannt werden ... Bei Gott ist ja kein Ding unmöglich. Maria sprach: Sieh, ich bin die Magd des Herrn! Mir geschehe nach deinem Worte (Lukas 1, 26—38).

Herr, ich habe Angst, ja zu sagen.
Wohin wirst Du mich führen?
Ich habe Angst, den längeren Strohhalm zu ziehen,
Ich habe Angst, eine Blankounterschrift zu geben,
Ich habe Angst vor dem Ja, das andere Ja nach sich zieht.

Und dennoch habe ich keinen Frieden.
Herr, Du verfolgst mich, Du umzingelst mich von allen
    Seiten.
Ich suche den Lärm, denn ich fürchte sonst, Dich zu hören,
    aber Du schleichst Dich in einem stillen Augenblick ein.
Ich flüchte mich abseits vom Wege, denn ich habe Dich be-
    merkt, aber am Ende des Seitenpfades wartest Du bereits
    auf mich, wenn ich ankomme.
Wo soll ich mich verbergen? Überall begegne ich Dir:
Es ist also unmöglich, Dir zu entgehen!

... Aber ich habe Angst, ja zu sagen, Herr.
Ich habe Angst, Dir die Hand zu geben, Du behältst sie sonst
    in der Deinen.
Ich habe Angst, Deinem Blick zu begegnen, denn Du bist ein
    Verführer.
Ich habe Angst vor Deiner Forderung, denn Du bist ein
    eifersüchtiger Gott.
Ich bin umzingelt, aber ich verberge mich.
Ich bin gefangen, aber ich sträube mich und kämpfe, obwohl
    ich weiß, daß ich besiegt bin.
Denn Du, Herr, bist der Stärkere, Du besitzt die Welt und
    Du entziehst sie mir.
Wenn ich die Hand ausstrecke, um Menschen und Dinge zu
    ergreifen, dann lösen sie sich vor meinen Augen in Nichts
    auf.
Herr, das ist nicht erfreulich, denn ich kann nichts mehr für
    mich nehmen.
Die Blume, die ich pflückte, verwelkt in meinen Fingern.
Das Lächeln, das auf meinen Lippen erscheint, erstarrt,
Der Walzer, den ich tanze, nimmt mir den Atem und macht
    mich unruhig.
Alles erscheint mir leer,

Alles erscheint mir hohl,
Du hast rings um mich die Wüste geschaffen.
Und ich habe Hunger,
Und ich habe Durst.
Die ganze Welt könnte mich nicht satt machen.

Herr, ich habe Dich doch geliebt; was habe ich Dir denn
   getan?
Für Dich habe ich gearbeitet, für Dich mich hingegeben.
O großer, schrecklicher Gott, was willst Du denn noch?

*

Mein Kind, ich will mehr für dich und die Welt.
Was du früher getan hast, das war deine eigene Tätigkeit,
   aber ich hatte dabei nichts zu tun.
Du ludest mich ein, sie gutzuheißen, du ludest mich ein, sie
   zu unterstützen, du wolltest mich an deiner Arbeit teil-
   nehmen lassen.
Aber siehst du, Kind, du hast die Rollen verwechselt.
Ich bin dir mit den Augen gefolgt, ich habe deinen guten
   Willen gesehen,
Jetzt aber will ich mehr für dich.
Nicht mehr deine Arbeit sollst du tun, sondern den Willen
   deines Vaters im Himmel.

Sag ja, mein Kind.
Ich brauche dein Ja, wie ich das Ja Mariens gebraucht habe,
   um auf die Welt zu kommen,
Denn ich muß bei deiner Arbeit sein,
Ich muß in deiner Familie sein,
Ich muß in deinem Bezirk sein und nicht du,
Denn mein Blick durchdringt und nicht deiner,
Mein Wort trägt und nicht deines,
Mein Leben wandelt um und nicht deines.
Gib mir a l l e s, überlasse mir a l l e s.
Ich brauche dein Ja, um mich dir zu vermählen und auf die
   Erde herabzusteigen.
Ich brauche dein Ja, um die Welt weiter retten zu können!

*

138

O Herr, ich habe Angst vor Deiner Forderung, aber wer kann
    Dir widerstehn?
Damit Dein Reich komme und nicht das meine,
Damit Dein Wille geschehe und nicht der meine,
Hilf mir j a sagen.

Der Mensch kennt sich nicht. Mag er auch ernsthaft sein Gewissen erforschen, die ganz großen Elendigkeiten zeigt es ihm nicht. Der Mensch ist nicht demütig. Mag er auch gering von sich denken, es gelingt ihm nicht, die gute Meinung zu zerstören, die er trotz allem von sich hat. Wenn der Christ am Anfang sich selber aufgibt und sich dem anderen schenkt und er Erfolg hat in seiner Tätigkeit, kann er es nicht unterlassen zu denken, daß er doch zu etwas taugt. So beschränkt er Gott. Erst wenn man in seinem Inneren begriffen hat, daß man nichts vermag, kann Gott beginnen, alles zu tun.

Glücklicherweise nimmt der Mensch Gott auf, wenn er vor seinen Brüdern zurücktritt, um sie zu umfangen, und indem er Gott aufnimmt, erhält er das Licht. Dieses Licht durchdringt dann langsam oder plötzlich alles, ihn selber und die feinste Faser seiner Tätigkeit. Das ist eine peinliche Offenbarung. Von da an ist es unnütz, sich zu wiederholen, daß man nichts sei, daß Gott die Handlung ausführt und ihr ihre Wirksamkeit gibt, denn durch übernatürliche Erleuchtung sieht man das. Man muß den Christen, der so weit emporgestiegen ist, veranlassen, jetzt die Augen nicht zu schließen, sich nicht entmutigen zu lassen; es ist eine Gnade, die der Herr ihm erweist, denn ohne sie hätte er nie die Größe Gottes und die Kleinheit des Menschen erkannt. Das kann er dann nicht vergessen

Ich bin der Weinstock, ihr seid die Reben. Wer in mir bleibt und ich in ihm, der bringt viele Frucht, denn getrennt von mir könnt ihr nichts tun (Johannes 15, 5).

Wahrlich, wahrlich, ich sage euch: Wer an mich glaubt, wird selber die Werke, die ich wirke, vollbringen. Und ich werde tun, was immer in ihr in meinem Namen bitten werdet, damit der Vater im Sohn verherrlicht werde (Johannes 14, 12–13).

Herr, Du hast es gewollt, nun liege ich am Boden.
Ich wage gar nicht mehr, mich zu erheben, ich wage es nicht mehr, Dich anzublicken.
Nichts, nichts, ich bin nichts, das weiß ich jetzt.

Herr, Dein Licht ist schrecklich, ich möchte ihm entfliehen.
Seit ich Dich aufgenommen habe, hast Du meinen Wirkungs-
bereich erhellt.
Täglich und unerbittlich hat Deine Klarheit ihn offengelegt,
Und ich sehe, was ich vorher nie gesehen hatte.

Ich sehe den Wald meiner Sünden hinter dem Baum, der sie
verbarg.
Ich sehe die unzähligen Wurzeln, denen man nicht beikom-
men kann.
Ich sehe, daß alles in mir für Dich ein Hindernis ist, wie das
kleinste Stoffteilchen den Sonnenstrahl sofort aufhält und
es Nacht werden läßt.
Ich sehe den Dämon meine Festung dort angreifen, wo ich
sie für unangreifbar hielt,
Und ich sehe mich wanken und nahe daran zu fallen.
Ich sehe meine Ohnmacht, ich, der ich mich fähig glaubte,
vor Dir gut bestehen zu können.
Ich sehe, daß in mir alles vermischt ist und daß nicht eine
meiner Gesten rein ist.
Ich sehe den unermeßlichen Abgrund einer jeden Sünde
gegenüber Deiner unendlichen Liebe.
Ich sehe mich unfähig, auch nur eine einzige Seele zu erreichen mit dem Lärm meiner Worte oder dem Wind
meiner Gesten.
Ich sehe den Geist wehen, wo ich nicht am Werke war, und
das Korn wachsen, wo ich nicht gesät habe.

Nichts, nichts, ich bin nichts, ich leiste nichts, jetzt weiß
ich es.
Aber Du, Herr, erhellst und erleuchtest immer.
In meiner Seele und in meinem Leben bleibt auch nicht ein
einziger Winkel im Dunklen.
Wie bist Du hart und unversöhnlich!
Wenn ich mich auch umdrehe, Dein Licht ist überall,
Und ich bin nackt, Herr, und erschrocken vor mir selber.
Vorher habe ich feierlich erklärt, daß ich ein Sünder, daß ich
unwürdig bin,
Herr, ich glaubte das, aber ich wußte es nicht.

Ich suchte vor Dir nach irgendwelchen Fehlern,
Aber nur mühselig reichte es zu mageren Bekenntnissen.
Herr, mein ganzes Sein kniet sich jetzt nieder,
Und die Sünde, die ich verkörpere, erfleht Verzeihung.

Herr, ich danke Dir für Dein Licht, ich hätte niemals ge-
    sehen.
Doch, Herr, genug davon, ich versichere Dir, ich habe es be-
    griffen:
Ich bin n i c h t s,
Und Du bist a l l e s.

Einmal wird der Tag kommen, wo der lebendige Christ noch heftiger auf das Böse in der Welt stößt. In wenigen Stunden werden ihm vielleicht seine Ausdehnung und seine Abgründigkeit offenbar werden. Weil er sein Geheimnis den anderen nicht mitteilen kann, wird er wie ein Vernichteter mit Widerwillen und im Dunkel das Böse ertragen, das er zu kennen vermeinte, das er aber nur am Rande berührt hatte. Diese krasse Berührung mit der Sünde in der Welt ist die erste Stufe einer Nacht, die der Christ auf dem Wege zu seiner Reinigung und zur Vertiefung seiner Sendung, die Welt zu retten, braucht. Später wird die Nacht sich in seinem Innern ausbreiten, aber diese Nacht wird die Morgenröte der Auferstehung sein.

Er hat den, welcher von Sünde nichts wußte, für uns zur Sünde gemacht, damit wir in ihm Gottes Gerechtigkeit erkennen (2. Korintherbrief 5, 21).

Dann fing er an zu zittern und zu zagen. Er sprach zu ihnen: Meine Seele ist betrübt bis in den Tod. Bleibet hier und wachet. Und er ging ein wenig vorwärts, fiel auf die Erde nieder und betete, daß, wenn es möglich wäre, die Stunde an ihm vorüberginge. Er sprach: Abba, Vater, dir ist alles möglich. Nimm diesen Kelch weg von mir: Doch nicht wie ich will, sondern wie du willst (Markus 14, 34—36).

Nun ist meine Seele betrübt, und was soll ich sagen? Vater, rette mich aus dieser Stunde? Doch deshalb bin ich in diese Stunde eingetreten: Vater, verherrliche deinen Namen! (Johannes 12, 27.)

Herr, ich bin angeekelt,
    bin heute abend vernichtet.
Herr, das Böse ist schrecklich,
    es ist häßlich,
    es ist schmutzig.
Ich bin gegangen im Schmutz,
    gewandert im Schmutz,
    geschwommen im Schmutz.

Die Welt ist Schmutz.

Mir ist, als müsse ich mich waschen,
    die Hände,
    die Augen,
    den Leib,
    das Herz,
    die Seele,
    alles, Herr.
Ich wage nicht mehr weiterzugehen,
Ich wage nicht mehr, mich anzuschauen.
Warum hast Du mir das gezeigt, warum hast Du mich das
    gelehrt?
Ich werde es nicht mehr vergessen können.
Wie alt ich mich heute abend fühle! Älter als mein Gesicht,
    das lügt.
In wenigen Stunden bin ich zehn Jahre gealtert.

Herr, verzeihe, ich wußte es noch nicht.
Herr, verzeihe, sie wissen es nicht, die glücklichen Leute
    wissen es nicht, die Leute ohne Sünde wissen es nicht,
    die reinen Leute, die unschuldigen Leute werden es nie
    wissen, sie werden niemals eine Ahnung haben,
Wie häßlich das ist, Herr!

Dieses Photo des großen Jungen vor mir beunruhigt mich,
    und er empört mich in seinem Lächeln und in seiner
    Reinheit.
Ich beneide ihn um seine Unschuld und ich nehme ihm seine
    Ruhe übel, ich suche sein Lächeln, und es tut mir weh.
Ich habe Verlangen nach seiner unberührten Reinheit, und
    doch verwundet sie mich.
Herr, wie soll man wissend sein und klarbleiben?
Wie soll man erkennen und im Frieden bleiben?
Wie soll man die unendliche Traurigkeit der Sünde ertragen
    und doch tief Deine Freude hüten?

*

Mein Kind, du mußt dieses Böse auf deinem Weg aufnehmen;
    du mußt es sogar ertragen.

Bleib nicht stehen, sondern erfasse es im Vorübergehen, dazu
habe ich dich ja auf diese Wege ausgeschickt.

Das Böse vernichtet dich, du kannst nicht mehr weiter, du
brichst vor Abscheu zusammen in der Nacht und in der
Einsamkeit!

Ich kenne das, mein Kind.

Ich habe das erlebt, mein Kind,

Das war meine Todesangst,

Man muß da durch, so will es die Regel meiner Erlösung.

Denn vor der Auferweckung muß man sterben,

vor dem Sterben muß man leiden,

vor dem Leiden muß man Todesangst ausstehen.

Fliehe nicht das Böse, im Gegenteil, sei bereit. Ergreife es.

Je häßlicher es ist, je schwerer es ist, um so eher muß man
es anpacken;

und leide,

und stirb.

Die F r e u d e wird nachher kommen.

Wenn der Christ Gott und die anderen gewählt hat, ist der Teufel damit nicht zufrieden. Es gibt dann Augenblicke oder ganze Zeiten, in denen die Katzenmusik der Versuchung, die der Gesang der Liebe zugedeckt hatte, heftiger oder durchdringender hörbar wird.

Gott läßt diese Krise zu. Manchmal bleibt er sogar für die Rufe seines Kindes taub, um es zu prüfen und es zu noch größerem Vertrauen zu zwingen. Wenn es da nicht alles von Gott und nichts von sich erwartet, kann es nicht im Frieden sein.

Man muß ganz klein werden, um sich von Gott tragen zu lassen.

Als er in das Schifflein trat, folgten ihm seine Jünger. Und siehe, es erhob sich ein großer Sturm auf dem See, so daß das Schifflein von den Wellen bedeckt wurde. Er aber schlief. Da traten seine Jünger zu ihm, weckten ihn und riefen: Herr, rette uns, wir gehen zugrunde! Jesus sprach zu ihnen: Was seid ihr furchtsam, ihr Kleingläubigen? Dann stand er auf, gebot den Winden und dem See, und es wurde ganz ruhig (Matthäus 8, 23–26).

Wahrlich, ich sage euch, wenn ihr euch nicht bekehrt und nicht werdet wie die Kinder, so werdet ihr nicht in das Himmelreich eingehen (Matthäus 18, 2–3).

Herr, ich kann nicht mehr,
Ich bin gebrochen,
Ich bin erschöpft.
Seit heute morgen plage ich mich ab, der Versuchung zu entrinnen, die bald leise, bald beschwörend, aufreizend oder sinnlich vor mir herumtanzt wie ein lockendes Mädchen vor den Schaubuden.
Ich weiß nicht mehr, was ich tun soll,
Ich weiß nicht mehr, wohin ich gehen soll,
Sie belauert mich, sie folgt mir, sie überflutet mich.
Ich gehe aus einem Zimmer: sie sitzt bereits da und erwartet mich in dem, in das ich eintrete;

Ich nehme eine Zeitung zur Hand, und sie ist da, verborgen
    unter den Worten eines harmlosen Artikels;
Ich gehe fort und ich begegne ihr, wie sie mir hinter einem
    unbekannten Antlitz zulächelt;
Ich kehre ihr den Rücken und betrachte die Mauer, da steht
    sie aus einem Plakat auf;
Ich gehe an meine Arbeit zurück: sie schlummert auf meinem
    Aktenstoß, und ich wecke sie auf, wenn ich meine Schrift-
    stücke zur Hand nehme.
Ich bin verzweifelt. Ich nehme meinen armen Kopf zwischen
    die Hände und schließe die Augen, um nichts zu sehen,
Aber ich entdecke sie lebendiger als je: sie macht sich in mei-
    nem verschlossenen Hause breit, als wenn es ihr eigenes
    wäre.
Denn sie hat die Tür zu mir aufgesprengt,
Sie hat sich in meinen Leib eingeschlichen,
    in meine Adern,
        bis in die Fingerspitzen.
Sie dringt ein in die Tiefen meines Gedächtnisses,
Sie singt ins Ohr meiner Einbildung,
Sie spielt auf meinen Nerven wie auf den Saiten einer Gitarre.
Herr, ich weiß nicht mehr, woran ich bin.
Ich weiß nicht mehr, ob ich diese Sünde will, die mich win-
    kend anlockt.
Ich weiß nicht mehr, ob ich sie fliehe oder ob ich ihr nach-
    laufe.
Der Schwindel erfaßt mich und die Leere zieht mich an,
    wie sie den unklugen Bergsteiger anzieht, bis er nicht
    mehr vorwärts und rückwärts kann.
Herr, Herr, hilf mir!

*

Mein Kind, ich bin da.
Ich habe dich nicht verlassen.
Wie bist du kleingläubig!

Du bist zu stolz.
Du rechnest noch auf dich.
Wenn du durch alle Versuchungen gehen willst, ohne zu
    fallen, ohne schwach zu werden, ruhig und heiter,

Dann mußt du dich meinen Händen überantworten,
Dann mußt du einsehen, daß du nicht groß genug bist,
    daß du nicht stark genug bist,
Du mußt dich führen lassen
Wie ein Kind, mein liebes kleines Kind.

Komm, gib mir deine Hand und fürchte nichts.
Wenn es Schmutz gibt, werde ich dich auf meinen Armen
    tragen.
Aber du mußt ganz klein sein, ganz klein,
Denn der Vater trägt nur die kleinen Kinder.

Bisweilen ist es nicht mehr bloß die Versuchung, die den hochgemuten Christen auf die Probe stellt, sondern die Sünde. Ein tiefer Fall, von dem er glaubte, daß er unmöglich geworden sei, so fest und tief erschien ihm seine Liebe zum Herrn. Nach dem Fall ist er in Gefahr, der Mutlosigkeit zu erliegen. Noch nie hatte er die Häßlichkeit des Bösen in diesem Ausmaß erfahren, und das kann ihm dienen, die Liebe Gottes besser kennenzulernen.

Alles ist Gnade. Diese Niederlage wird ihn lehren, daß er auf sich selber nicht sicher rechnen kann. Sie wird ihn auf seinen richtigen Platz versetzen: auf den letzten. Aber gleichzeitig mit dem Mißtrauen gegen sich muß man ihm helfen, daß sein Vertrauen auf Gott, den Vater, wächst.

Und damit ich mich nicht wegen der außerordentlichen Offenbarungen überhebe, ward mir ein Stachel für mein Fleisch gegeben, ein Engel des Satans, auf daß er mich mit Fäusten schlage, damit ich mich nicht überhebe. Um seinetwillen habe ich dreimal den Herrn angefleht, daß er von mir weichen möge. Er aber sprach zu mir: Es genügt dir meine Gnade; denn die Kraft kommt in der Schwachheit zur Vollendung..., denn wenn ich schwach bin, dann bin ich stark (2. Korintherbrief 12, 7–10).

Ich sage euch: Ebenso wird auch im Himmel größere Freude sein über einen Sünder, der Buße tut, als über neunundneunzig Gerechte, die der Buße nicht bedürfen (Lukas 15, 7).

Herr, ich bin gefallen.
Wieder.
Ich kann nicht mehr, ich werde niemals ans Ziel kommen,
Ich schäme mich vor mir, ich wage nicht mehr, Dich anzublicken.
Herr, ich habe doch gekämpft, denn ich wußte Dich ganz nahe bei mir, wußte, daß Du Dich aufmerksam über mich beugtest.
Aber wie ein Sturm ist die Versuchung herangetost,
Und ich habe den Kopf gewandt,

Und ich bin vom Wege abgekommen,
Während Du schweigend und schmerzvoll zurückbliebst,
Wie ein verachteter Verlobter, der sieht, wie seine Liebe ihn
    verläßt in den Armen eines Feindes.

Als der Sturm ebenso unerwartet, wie er gekommen war, in
    sich zusammenbrach und verstummte,
Als der Blitz erlosch, der so grell das Halbdunkel zerrissen
    hatte,
Nur einen Augenblick lang,
Fand ich mich wieder allein, voll Scham und Ekel, und meine
    Sünden in den Händen.

Diese Sünde, die ich gewählt habe wie der Kunde seine Ware,
Diese Sünde, die ich bezahlt habe und die ich nicht zurück-
    geben kann, denn der Händler ist verschwunden,
Diese Sünde ohne Geruch,
Diese Sünde ohne Geschmack,
Diese Sünde, die mich anekelt,
Nutzloser Gegenstand, den ich wegwerfen möchte;
Diese Sünde, die ich gewollt habe und die ich nicht mehr
    will,
Diese Sünde, die ich ersonnen,
    gesucht,
    entworfen,
    geliebkost habe
    seit langem;
Diese Sünde, die ich schließlich erreicht habe, weil ich mich
    kalt von Dir, Herr, abwandte.
Auf dem Bauche lag ich vor ihr und ich streckte meine Arme,
    meine Hände, meine Finger nach ihr aus, ich richtete
    meinen Blick und mein Herz auf sie,
Diese Sünde, die ich ergriffen und dann gierig verschlungen
    habe,
Jetzt besitze ich sie und sie besitzt mich, wie das Spinnen-
    netz die Mücke gefangenhält.
Sie ist mein,
Sie klebt mir an der Haut,
Sie ist in mich eingegangen,

Sie rollt in meinen Adern,
Sie hält mein Herz besetzt,
Sie hat sich überall eingeschlichen, wie die herabsinkende
Nacht in den Wald eindringt und ihn überall, wo Licht
war, bis obenhin füllt.

Ich kann mich nicht davon befreien,
Ich laufe, sie aber folgt mir wie ein räudiger Hund, den
man nicht mehr haben will, der aber zu seinem Herrn
zurückfindet und sich voll Freude an ihn drängt.
Mir scheint, daß man es merkt.
Ich schäme mich, mich aufrecht zu halten, ich möchte kriechen,
um den Blicken zu entgehen,
Ich schäme mich, vor meinem Freunde zu erscheinen,
Ich schäme mich, vor Dir, Herr, zu erscheinen,
Denn Du liebtest mich, und ich habe Dich vergessen.
Ich habe Dich vergessen, weil ich an mich gedacht habe.
Man kann aber nicht gleichzeitig an zweierlei denken,
Man muß wählen, und ich habe gewählt.

Und Deine Stimme,
Und Dein Blick,
Und Deine Liebe tun mir weh.
Sie lasten auf mir, drückend,
Drückender als meine Sünde.

Herr, schau mich nicht so an;
Denn ich bin nackt,
Ich bin schmutzig,
Ich liege am Boden,
Zerrissen,
Ich habe keine Kraft mehr,
Ich wage nichts mehr zu versprechen,
Ich kann nur noch, tief gebeugt, vor Dir liegenbleiben.

*

Komm, mein Kind, erhebe dein Haupt.
Ist es nicht vor allem dein Stolz, der verletzt ist?

Wenn du mich lieben würdest, hättest du Kummer, aber du
   hättest auch Vertrauen.
Glaubst du, daß die Liebe Gottes Grenzen hat?
Glaubst du, daß ich auch nur einen einzigen Augenblick auf-
   gehört habe, dich zu lieben?
Doch du zählst immer noch auf dich, mein Kind,
Du darfst aber nur auf mich zählen.

Bitte mich um Verzeihung
Und dann steh kraftvoll wieder auf;
Denn, siehst du, das Ärgste ist nicht das Fallen,
Sondern das Liegenbleiben.

Man muß vollkommen blind sein, um sich seinem Führer ganz zu überantworten und sich führen zu lassen wie ein Kind. Um also das noch allzu menschliche Wirken des strebsamen Christen zu reinigen, muß ihm der Herr alles Licht verweigern. Er darf nur noch auf Gott zählen.

Der Mensch glaubte an die Organisation; jetzt weiß er nicht mehr, was er tun soll. Er vertraute auf sein Wort; jetzt kann er sich nicht mehr ausdrücken. Er baute auf den Wert der Zusammenkünfte; sie aber scheitern erbärmlich, trotzdem er sie sorgfältig vorbereitet hatte. Dort, wo er nur Erfolge hatte, mußte er jetzt lauter Fehlschläge hinnehmen. Und Gott scheint sich über seine plötzliche Unfähigkeit lustig zu machen, denn er wirkt weiter, jedoch außerhalb des gewöhnlichen Rahmens und ohne sich dabei dieses „unnützen" Knechtes zu bedienen. Wenn dieser beschämt und verzweifelt sich klagend an Christus wendet, so findet er ihn nicht mehr. Er ist allein in der Nacht.

Die Prüfung ist qualvoll. Man darf ihr nicht ausweichen wollen, wohl aber muß man den kämpfenden Christen stärken. Ebenso wie das Wehr sich dem Wasser entgegenstemmt, um es zu stauen und seine Kraft zu verzehnfachen, so will Gott keine Tätigkeit auf dem Niveau der Erde. Er läßt äußerlich einen Fehlschlag eintreten, um der Reinigung und Überhöhung im Glauben willen.

Als die sechste Stunde gekommen war, ward eine Finsternis über das ganze Land bis zur neunten Stunde. Um die neunte Stunde rief Jesus mit lauter Stimme: Mein Gott, mein Gott, warum hast du mich verlassen? (Markus 15, 33—35.)

Herr, es ist Nacht.
Herr, bist Du da in meiner Nacht?

Dein Licht ist erloschen und sein Widerschein auf den Menschen und Dingen ist verschwunden,
Alles erscheint mir grau und alles erscheint mir düster wie die Natur, wenn der Nebel die Sonne auslöscht und die Erde in sein Leichentuch hüllt.

Alles kostet Kraft, alles bedrückt mich, und ich bin schwer
und träge.

Beim Wecken entmutigt mich der Morgen, denn er birgt in
sich einen ganzen langen Tag.

Ich möchte verschwinden, ich sehne den Tod herbei wie ein
Vergessen.

Ich möchte weggehen,

Entfliehen,

Fliehen,

Entlaufen, ganz gleich, wohin.

Wem entlaufen?

Dir, Herr, den anderen, mir, ich weiß es nicht,

Nur fort,

Eilends fort.

Ich gehe dahin wie ein Betrunkener, werde von der Gewohnheit getrieben, ohne es zu wissen.

Ich tue jeden Tag die gleichen Handgriffe, aber ich weiß,
daß sie unnütz sind.

Ich gehe, aber ich weiß, daß meine Schritte nirgends hin-
führen.

Ich rede, und meine Worte kommen mir schrecklich leer vor,
denn ich weiß, daß nur die fleischlichen Ohren sie hören
können, nicht aber die lebendigen Seelen, die für sie zu
hoch und zu weit weg sind.

Selbst die Begriffe verwirren sich, und es fällt mir schwer
zu denken.

Bisweilen fehlen mir die Worte und wollen nicht mehr ge-
horchen.

Ich stottere, ich verstricke mich, ich erröte,

Und ich bin lächerlich.

Ich schäme mich, die anderen beginnen schon aufmerksam
darauf zu werden.

Herr, werde ich ein Narr?

Oder bist Du es, der das so will?

Doch das wäre nichts, wenn ich nicht allein wäre.

Ich bin allein.

Herr, Du hast mich weit weggeführt; vertrauensvoll bin ich
    Dir gefolgt, Du gingst ja an meiner Seite.
Doch siehe, mitten in der Wüste, in der tiefsten Nacht, bist
    Du plötzlich verschwunden.
Ich rufe und Du gibst keine Antwort,
Ich suche und finde Dich nicht.
Ich habe alles aufgegeben, und nun finde ich mich allein-
    gelassen.
Deine Abwesenheit ist mein Leiden.

Herr, es wird Nacht.
Herr, bist Du da in meiner Nacht?
Wo bist Du, Herr,
Liebst Du mich noch?
Bist Du meiner überdrüssig geworden?
Herr, antworte mir!
Antworte!

Es wird Nacht.

Wer vor Gott „kapituliert", wer ja gesagt hat, erhält oft sofort seinen Lohn. Der Herr läßt ihn die Freude erfahren, ihn zu besitzen und von ihm besessen zu werden. Die Worte reichen nicht hin, um diese liebevolle Umarmung Gottes auszudrücken. Begreifen wird es jener Bursche, der mitten auf der Straße, „ergriffen" von seinem Meister, vom Rade steigen mußte, weil er plötzlich unfähig war, ohne Gefahr weiterzufahren. Auch jenes Mädchen, das schnell seinen Arbeitsplatz in der Fabrik verlassen und sich einige Augenblicke einschließen mußte, damit es sein verklärtes Antlitz dem Blick seiner Kolleginnen entzöge. Dieser junge Mann, der nach einer Versammlung schlicht bekannte, daß er Gott habe bitten müssen, ihn ein bißchen freizulassen, damit er bei seinen Kameraden sein könne.

Wenn man diese sinnenfälligen Gnaden auch nicht suchen soll, so soll man doch ganz einfach dem Herrn für sie dankbar sein, wenn er sie uns schenkt, weil wir seine Süßigkeit kosten dürfen, bevor wir seine unabänderliche Festigkeit erfahren.

Und wir haben erkannt und an die Liebe geglaubt, die Gott zu uns hat. Gott ist die Liebe ...
... Darin erweist sich die Liebe: Nicht wir haben Gott geliebt, sondern er hat uns geliebt (1. Johannesbrief 4, 16, 10).

Aber was mir Gewinn brachte, das habe ich um Christi willen für Verlust gehalten. Ja, ich halte das noch alles für Verlust wegen der alles übertreffenden Kenntnis Christi Jesu, meines Herrn. Um seinetwillen habe ich dies alles preisgegeben und es für Unrat gehalten, um Christus zu gewinnen und in ihm erfunden zu werden ... Ich strebe danach, ob ich es wohl ergreifen könnte, wie ich auch von Jesus Christus ergriffen bin (Philipperbrief 3, 7–9 und 12).

Herr, Du hast mich ergriffen, und ich konnte Dir nicht widerstehen.
Ich bin weit gelaufen, aber Du hast mich verfolgt.
Ich habe Umwege gemacht, aber Du hast sie erkannt.
Du hast mich wieder getroffen.
Ich habe mich gesträubt.

Du hast gewonnen!
Herr, da bin ich, ich habe ja gesagt, atemlos, abgekämpft,
fast trotz meiner selbst,
Und stand da, zitternd wie ein Besiegter vor der Gnade seines
Besiegers,
Als Du Deinen Liebesblick auf mich gerichtet hast.

Herr, ich werde Dich nicht mehr vergessen können.
In einem Augenblick hast Du mich erobert.
In einem Augenblick hast Du mich ergriffen,
Meine Zweifel wurden weggefegt,
Meine Furcht ist davongeflogen;
Denn ich habe Dich erkannt, ohne Dich zu sehen,
Ich habe Dich gefühlt, ohne Dich zu berühren,
Ich habe Dich verstanden, ohne Dich zu hören,
Gezeichnet bin ich vom Feuer Deiner Liebe,
Herr, ich werde Dich nicht mehr vergessen können.
Jetzt weiß ich Dich da, nahe bei mir, und im Frieden arbeite
ich unter Deinem Liebesblick.
Ich weiß nicht mehr, ob man sich anstrengen muß, um beten
zu können.
Es genügt, die Augen meiner Seele zu Dir zu erheben, um
Deinem Blick zu begegnen.
Und wir verstehen uns. Alles ist klar. Alles ist Friede.

Manchmal — wie danke ich Dir dafür, Herr — kommst Du
unwiderstehlich, um mich zu überfluten, wie das Meer
langsam den Strand überschwemmt,
Oder Du ergreifst mich plötzlich, wie der Liebende die Geliebte in seine Arme zieht, die sich ihm schenkt.
Und ich vermag nichts mehr dawider, ich bin gefangen, ich
muß stehenbleiben.
Hingerissen halte ich den Atem an; die Welt vergeht, Du
hebst die Zeit auf.
Ich möchte, daß diese Minuten Stunden dauern...
Wenn Du Dich zurückziehst und mich im Feuer und fassungs-
los vor tiefer Freude verläßt,
Habe ich keine Gedanken mehr, aber i c h w e i ß, daß D u
mich jetzt um so mehr besitzt.

In mir sind ein paar Fasern mehr ergriffen.
Der Brand hat sich ausgebreitet, und ich bin ein wenig mehr
Gefangener Deiner Liebe.

Herr, Du läßt immer noch die Leere um mich sein, aber dies-
mal von einer anderen Art.
Denn Du bist zu groß, Du löscht alle Dinge aus.
Was ich liebte, scheint mir gering, und meine menschlichen
Wünsche schmelzen wie Wachs in der Sonne unter dem
Feuer Deiner Liebe.
Was bedeuten mir die Dinge!
Was bedeutet mir mein Wohlergehen!
Was bedeutet mir mein Leben!
Ich begehre nur mehr Dich, ich will nur mehr Dich.

Ich weiß, daß die anderen sagen: „Er ist verrückt."
Aber, Herr, nicht ich, sie sind es.
Sie kennen Dich nicht.
Sie kennen Gott nicht, sie wissen nicht, daß man ihm nicht
widerstehen kann.
Aber mich, mich hast Du ergriffen, Herr, und ich bin Deiner
gewiß.
Du bist da und ich jauchze auf.
Die Sonne überflutet alles, und mein Leben strahlt wie ein
Geschmeide.
Alles ist leicht, alles ist voll Licht.
Alles ist rein.
Alles singt!

Danke, Herr, danke!
Warum ich, warum hast Du mich erwählt?
Freude, Freude, Tränen der Freude.

Der Anfänger braucht noch Worte, Bilder, Gedanken, um das Gebet zu unterstützen; allmählich aber erfährt er, daß alle diese Hilfsmittel ihn daran hindern, Gott zu „berühren". Christus, der den emporstrebenden Christen „ergreift", läßt ihn verstehen, daß alles Reden, Vorstellen oder Denken unnütz ist. Er muß sich von Gott gestalten lassen; sich ihm aussetzen ohne Zwischenglied ist das sicherste Mittel, ihm zu begegnen, wenn er einlädt. Passivität bedeutet jedoch nicht, daß man die Menschen vergißt. Im Gegenteil, der Christ ist beladen mit seinen Brüdern, für die er die Verantwortung übernommen hat, und er muß sie schweigend zu Gott führen. Gott nahe, den Menschen nahe, das ist der Weg, um die Begegnung zu ermöglichen.

Du aber, wenn du betest, gehe in deine Kammer, schließe die Türe und bete zu deinem Vater im Verborgenen, und dein Vater, der es im Verborgenen sieht, wird es dir vergelten.
Wenn ihr aber betet, so sollt ihr nicht plappern wie die Heiden, denn diese meinen, erhört zu werden, wenn sie viele Worte machen (Matthäus 6, 6—7).

Überaus gerne will ich Opfer bringen, ja mich selbst will ich opfern für eure Seelen (2. Korintherbrief 12, 15).

Wie wenn eine Mutter ihre Kindlein am Busen hegt, so hingen wir voll Sehnsucht an euch und verlangen, euch nicht nur die Heilsbotschaft Gottes zu bringen, sondern selbst unser Leben hinzugeben — so lieb waret ihr uns geworden (1. Thessalonikerbrief 2, 7—8).

Herr, dasein vor Dir, das ist alles.
Die Augen meines Leibes schließen,
Die Augen meiner Seele schließen
Und still bleiben, unbeweglich,
Mich Dir aussetzen, der Du Dich mir ausgesetzt hast,
Dir gegenwärtig sein, dem unendlich Gegenwärtigen.

Herr, ich bin bereit, nichts zu fühlen,
    nichts zu sehen,
    nichts zu hören,

Leer von jedem Gedanken,
    von jedem Bild,
In der Nacht. ·
Da bin ich, so schlicht ich es vermag,
Um Dir ohne Hindernis zu begegnen,
Im Schweigen des Glaubens,
Vor Dir, Herr.

Aber, Herr, ich bin nicht allein,
Ich kann nicht mehr allein sein.
Herr, ich bin Menge,
Denn die Menschen bewohnen mich.
Ich bin ihnen begegnet,
    sie sind eingedrungen in mich,
    sie haben sich darinnen eingerichtet,
    sie haben mich gequält,
    sie haben mich in Besitz genommen,
    sie haben mich gegessen,
Und ich habe sie gelassen, Herr, damit sie sich nähren und
    ausruhen.
Ich führe auch sie zu Dir, wenn ich mich Dir übergebe.
Ich setze sie Dir aus, wenn ich mich Dir aussetze.
Da bin ich,
Da sind sie,
Vor Dir, Herr.

GEBETE AUF DEM
KREUZWEG

Christus hat nicht aufgehört zu sterben. Die
Menschen rings um uns, die jeden Tag leiden und sterben, sind immer noch er, der
durch sie weiterhin sich seinem Vater dar-
bringt für das Heil der Welt. Der Kreuzweg ist auch der Lebensweg; ein wahrer
Christ sollte das nicht vergessen.

... Auch ich bin, als ich zu euch kam, Brüder, nicht auf-
getreten mit erhabener Beredsamkeit und hoher Weisheit, um
euch das Zeugnis Gottes zu verkünden. Denn ich hatte mir
vorgenommen, nichts unter euch zu wissen als allein Jesus
Christus, und zwar als Gekreuzigten. Ich trat mit Schwachheit
und Furcht und großer Zaghaftigkeit bei euch auf. Mein
Reden und Predigen bestand nicht in weiser menschlicher
Überredungskunst, sondern im Beweis von Geist und Kraft;
euer Glaube sollte sich nicht auf Menschenweisheit, sondern
auf Gottes Kraft gründen (1. Korintherbrief 2, 1—5).

Herr, es ist zu spät, um zu schweigen, Du hast zuviel geredet;
    es ist zu spät, um nachzugeben, Du hast zuviel gekämpft.
Du warst auch nicht vernünftig, Du hast übertrieben, da
    mußte es so kommen.
Du hast die anständigen Leute Natterngezücht genannt,
Du hast ihnen gesagt, ihr Herz wäre ein finsteres Grab unter
    einer schönen Außenseite,
Du hast die eitrigen Aussätzigen umarmt,
Du hast die Unverschämtheit gehabt, mit gemeinen Fremd-
    lingen zu reden,
Du hast mit öffentlichen Sündern gegessen und hast gesagt,
    daß die Straßenmädchen die Ersten im Paradiese sein
    werden,
Du hast Gefallen gefunden an den Armen, den Verlausten,
    den Verkrüppelten,
Du hast die rituellen Vorschriften ungenau beobachtet,
Du wolltest das Gesetz auslegen und es auf ein einziges klei-
    nes Gebot zurückführen: auf die Liebe.

Jetzt rächen sie sich.
Sie haben Schritte gegen Dich unternommen, sie haben Dich
    angezeigt, und die Maßnahmen werden bald folgen.

Herr, ich weiß, ich werde verurteilt werden, wenn ich versuche, wenigstens in etwa wie Du zu leben.
Ich habe Angst.
Man zeigt schon mit Fingern auf mich,
Einige lächeln, andere belustigen sich, wieder andere nehmen Ärgernis, und die meisten meiner Freunde sind schon so weit, mich zu verraten.
Ich habe Angst, auf dem Wege stehenzubleiben,
Ich habe Angst, auf die Weisheit der Menschen zu hören.
Sie flüstert: Man muß schön langsam vorangehen, darf nicht alles so buchstäblich nehmen, es ist gescheiter, mit dem Gegner zu verhandeln ...
Und dennoch, Herr, weiß ich, daß Du recht hast.
Hilf mir kämpfen,
Hilf mir reden,
Hilf mir, nach Deinem Evangelium zu leben,
Bis ans Ende,
Bis zur Torheit,
Bis zur Torheit des Kreuzes.

Will mir jemand nachfolgen, so verleugne er sich selbst und nehme täglich sein Kreuz auf sich und folge mir. Denn wer sein Leben retten will, verliert es, und wer sein Leben um meinetwillen verliert, rettet es (Lukas 9, 23—24).

Herr, da ist Dein Kreuz.

Dein Kreuz, als ob es wirklich Dein Kreuz wäre!
Du hattest keines, Du bist die unseren suchen gekommen, und Dein ganzes Leben lang, den ganzen Weg Deines Leidens hast Du die Sünden der ganzen Welt — eine um die andere — auf Dich genommen.
Gehe nun,
Und beuge Dich,
Und leide.
Aber gehe vorwärts,
Das Kreuz muß getragen werden.

*

Herr, Du machst Deinen Weg schweigsam; ist es also wahr, daß es eine Zeit gibt für das Reden und eine andere für das Schweigen?
Ist es wahr, daß es eine Zeit zum Kämpfen gibt und eine andere, in der man es auf sich nehmen muß, schweigend die eigenen Sünden und die Sünden der Welt zu tragen?
Herr, ich möchte mich lieber mit dem Kreuze herumschlagen; aber es tragen müssen ist hart, und je weiter ich voranschreite, um so mehr sehe ich das Böse in der Welt, um so schwerer lastet das Kreuz auf meiner Schulter.
Herr, hilf mir begreifen, daß die edelmütigste Tat nichts ist, wenn sie nicht zur gleichen Zeit schweigende Erlösung ist;
Und weil Du für mich diesen langen Kreuzweg gewollt hast,
Hilf mir, ihn an jedem Morgen neu zu beginnen.

Jesus sprach (zu Petrus und seinem Bruder Andreas): Folget mir nach und ich will euch zu Menschenfischern machen. Sofort verließen sie ihre Netze und folgten ihm nach (Markus 1, 16—17).

Jesus entgegnete ihnen (Jakobus und Johannes): Könnt ihr den Kelch trinken, den ich trinke, oder getauft werden mit der Taufe, mit welcher ich getauft werde? Sie antworteten ihm: Wir können es (Markus 10, 38—39).

Nun nahm er Petrus, Jakobus und Johannes mit. Dann fing er an zu zittern und zu zagen ... Er kam und fand sie schlafend. Und er sprach zu Petrus: Simon, du schläfst? Nicht eine Stunde konntest du wachen? (Markus 14, 33—37.)

Er ist niedergefallen.

Einen Augenblick hat er wie ein Betrunkener geschwankt, und dann ist er zusammengebrochen.

Gott liegt im Staub.

*

Herr, so habe ich mich, Dir folgend, voll Vertrauen auf den Weg gemacht, und siehe, schon bin ich gefallen.

Ich glaubte, ich hätte mich endgültig an Dich verschenkt; aber dann habe ich auf einem Seitenpfad eine Blume gesehen, die zum Pflücken lockte.

Ich habe Dich verlassen, ich habe das hindernde Kreuz gelassen; nun stehe ich abseits vom Wege, und mein ganzer Reichtum sind ein paar welke Blumenblätter und meine Einsamkeit.

Und die andern, Herr, gehen erschöpft und ermattet auf dem Wege vorüber.

Und die Kreuze stehen bereit, und die Rücken krümmen sich.

Ich bin nicht mehr da, um gegen das Böse zu kämpfen und den Menschen ihre Last tragen zu helfen;

Ich bin abseits vom Wege.

Herr, gib mir, daß ich nicht nur in Deiner Gefolgschaft auf-
brechе, sondern daß ich auch in Deiner Gefolgschaft
bleibe.
Hilf mir, diese bestürzenden Fehler zu vermeiden, die mich
stumpfsinnig und leer lassen, weit von Deinem Bauplatz,
auf dem die Welt erbaut wird.

Deine eigene Seele aber wird ein Schwert durchbohren (Lukas 2, 35).

Herr, Deine arme Mutter tut mir bitter leid.
Sie folgt,
Sie folgt Dir,
Sie folgt der Menschheit auf ihrem Kreuzweg.

Sie geht in der Menge, namenlos, aber sie läßt Dich nicht aus
den Augen.
Nicht eine Deiner Bewegungen, nicht einer Deiner Seufzer,
nicht einer Deiner Schläge, nicht eine Deiner Wunden
ist ihr fremd.
Sie kennt Deine Leiden,
Sie leidet Deine Leiden,
Und ohne sich Dir zu nähern,
ohne Dich zu berühren,
ohne mit Dir zu reden,
Rettet sie mit Dir, Herr, die Welt!

*

Oft mische ich mich unter die Menschen und begleite sie auf
ihrem Kreuzweg,
Und das Böse erdrückt mich.
Ich fühle mich unfähig, die Welt zu retten, sie ist zu schwer
und zu schmutzig, und jeden Tag mache ich an der
Straßenecke Bekanntschaft mit neuen Ungerechtigkeiten
und neuen Schamlosigkeiten.

Herr, zeige mir Deine Mutter Maria,
Die in den Augen der Menschen unnütz und unwirksam,
Aber in den Augen Gottes die Miterlöserin ist.

Hilf mir, unter den Menschen zu wandeln voll Verlangen,
  ihr Leid und ihre Sünden kennenzulernen.
Gib, daß ich nie die Augen senke,
Daß ich nie mein Herz verschließe, damit ich, wenn ich so
  das Leiden der Welt aufnehme, leide und erlöse wie
  Maria, Deine Mutter.

---

*Sie führten ihn hinaus, um ihn zu kreuzigen. Einen Vorüber-
gehenden, Simon von Cyrene, der vom Felde kam, nötigten
sie sein Kreuz zu tragen (Markus 15, 20—21).*

*Einer trage des anderen Lasten: so werdet ihr das Gesetz
Christi erfüllen (Galaterbrief 6, 2).*

Er ging am Wege vorüber,
Sie haben ihn genötigt,
Es war der Erstbeste, ein Unbekannter.

Herr, Du nimmst seine Hilfe an.
Du hast nicht einmal einen Liebeserweis gewollt, den schönen
Schwung eines hochherzigen Freundes für seinen er-
schöpften und verhöhnten Freund.
Du hast Dir die befohlene Hilfe eines zitternden und dazu
gezwungenen Menschen ausgesucht.
Allmächtiger Herr, Du läßt Dir helfen von dem ohnmäch-
tigen Menschen.
Herr, Du willst des Menschen bedürftig sein.

*

Herr, ich brauch die anderen.
Der Weg der Menschen ist allzu hart, als daß man ihn allein
durchschreiten könnte.
Aber ich schiebe die Hände beiseite, die sich ausstrecken.
Ich will allein handeln,
Ich will allein kämpfen,
Ich will allein Erfolg haben.
Und doch gehen an meiner Seite ein Freund, ein Gatte, ein
Bruder, Nachbarn, Arbeitsgefährten.
Herr, Du hast sie dorthin gestellt, aber nur zu oft beachte ich
sie nicht.

Und doch werden wir nur zusammen die Welt retten!

Herr, gib mir, daß ich jeden Simon auf meinem Wege entdecke und willkommen heiße, selbst wenn er zu jenen gehört, die genötigt wurden.

Immerdar tragen wir das Todesleiden Jesu an unserem Leib herum, damit auch das Leben Jesu an unserem Leibe offenbar werde (2. Korintherbrief 4, 10).

Herr, sie hat Dich lange angesehen,
    Sie hat gelitten an Deinem Leiden.
Da hat sie nichts mehr gehalten, sie hat sich durch die Soldaten gedrängt und mit einem feinen Linnentuch hat sie Dein Antlitz abgetrocknet.
Blieben Deine blutbefleckten Züge auf ihrem Linnen haften?
Vielleicht. — In ihrem Herzen sicher.

*

Herr, es ist notwendig für mich, Dich lange zu betrachten, so schlicht und einfach, wie der kleine Bruder seinen großen Bruder bewundert und liebt.
Ich will Dir ja gleichen, und deshalb muß ich Dich vor allem anschauen.
Wenn du willst, möchte ich ein wenig wie Du werden, weil der Freund, der seinen Freund liebt, eine einzige Seele mit ihm wird.
Aber, Herr, allzuoft gehe ich sorglos an Dir vorbei, oder ich langweile mich, wenn ich stehenbleibe und Dich anschaue.
Und so biete ich den anderen nur ein trauriges Zerrbild von Dir.
Verzeih mir meinen verschleierten Blick: Sie können darin Dein Licht nicht sehen.
Verzeih mir meinen vergnügungssüchtigen Leib: Sie können in ihm Deine Gegenwart nicht erraten.
Verzeih mir mein verschüttetes Herz: Sie können in ihm Deiner Liebe nicht begegnen.

Aber, Herr, komm trotzdem zu mir, meine Tore sind offen.

Alle wurden schläfrig und schliefen ein (Matthäus 25, 5).

*Nehmet euch in acht, daß eure Herzen nicht beschwert wer-
den. Wachet daher und betet allzeit, damit ihr imstande seid,
all dem, was bevorsteht, zu entgehen und vor den Menschensohn zu treten (Lukas 21, 34—36).*

Herr, Du kannst nicht mehr.
Von neuem liegst Du am Boden.
Dieses Mal ist es nicht mehr bloß die Last des Kreuzes, die
    den Fall verursacht, sondern das Unmaß an Ermüdung,
    die völlige Erschöpfung.
So schläfert das wiederholte Leiden den Willen ein.

*

Herr, meine Sünden sind schreckliche Einschläfer für mein
    Gewissen,
Ich gewöhne mich sehr schnell an das Böse:
Ein Mangel an Edelmut hier,
Eine Untreue da,
Eine einfältige Unklugheit dort,
Und schon trübt sich mein Blick, und ich sehe die Hinder-
    nisse nicht mehr, ich sehe die anderen auf meinem Wege
    nicht mehr,
Und schon verschließen sich meine Ohren, und ich höre die
    Klage der Menschen nicht mehr.

Ich liege wieder am Boden, allein auf weiter Flur und fern
    dem Wege, den Du mir vorgezeichnet hast.

Herr, ich bitte Dich, laß mein Streben immer neu und jung
    sein,
Erspare mir die Gewohnheit, die einschläfert und tötet.

Was siehst du den Splitter im Auge deines Bruders, den Bal-
ken aber in deinem Auge beachtest du nicht? Oder wie kannst
du zu deinem Bruder sagen: Bruder, laß mich den Splitter
aus deinem Auge herausziehen, während du den Balken in
deinem Auge nicht siehst? Heuchler, zieh zuerst den Balken
aus deinem Auge, dann magst du sehen, wie du den Splitter
aus dem Auge deines Bruders herausbringst (Lukas 6, 41—42).

Sie weinen,

Sie schluchzen,

Das ist nur zu verständlich, und es würde euch nicht anders
gehen, wenn ihr sehen würdet, in welchen Zustand sie
ihn gebracht haben.

Und sie sind machtlos, sie können nichts für ihn tun.

Nun weinen sie, weinen sie aus Mitleid.

Herr, Du hast sie gesehen und gehört und gesagt:

„Weinet zuerst über eure eigenen Sünden.“

*

Mitleid haben mit Deinen Leiden und mit den Leiden der
Welt, das bringe ich fertig, Herr;

Aber über meine eigenen Sünden weinen, das ist etwas anderes.

Ich beklage mich lieber über die der anderen,

Das ist leichter.

Darin kenne ich mich geradezu aus, und jeden Tag marschiert
die ganze Welt vor meinem Richterstuhl vorbei.

Und ich habe auf ihr genug Schuldige gefunden: die Politik,
die Wirtschaft, die Elendswohnungen, den Alkohol, das
Kino, die Arbeit, die Leute, die nichts tun, die Pfarrer,
die nichts begreifen, die Christen,

Und viele andere, Herr, viele andere!

Alles in allem, beinahe die ganze Welt, nur mich nicht.

Herr, mache mir begreiflich, daß ich ein Sünder bin.

Jesus sagte zu ihm (zu Petrus): Wahrlich, ich sage dir: In dieser Nacht, ehe der Hahn kräht, wirst du mich dreimal verleugnen (Matthäus 26, 34).

Da wurde Petrus betrübt, daß er zum dritten Male sprach: Liebst du mich? und sagte zu ihm: Herr, du weißt alles, du weißt, daß ich dich liebe (Johannes 21, 17).

Noch einmal.

Die Soldaten mögen ihn noch so heftig schlagen, er rührt sich nicht mehr.

Herr, bist Du tot?

Nein, aber am Ende der Kräfte.

Ein Augenblick schrecklicher Todesangst.

Du mußt sofort aufstehen, Herr, in dem Zustand, in dem Du bist, und dann weitergehen! Einen Schritt, dann noch einen und viele weitere . . .

Herr, Du bist ein drittes Mal gefallen, aber Du bist schon auf der Höhe von Kalvaria!

*

Noch einmal.

Bei jedem Anlaß falle ich wieder.

Ich werde niemals oben ankommen.

Ich habe schon manchmal so gesprochen, Herr, und ich bitte Dich deshalb um Verzeihung; denn Du erwartest mich da, um mein Vertrauen zu messen.

Herr, wenn ich mich entmutigen lasse, bin ich verloren.

Wenn ich weiterkämpfe, bin ich gerettet;

Denn Du bist ein drittes Mal gefallen, aber es war schon ganz oben auf Kalvaria.

*Die Stunde ist gekommen, daß der Menschensohn verherrlicht
werde. Wahrlich, wahrlich, ich sage euch: Wenn das Weizenkorn nicht in die Erde fällt und stirbt, so bleibt es allein;
wenn es aber stirbt, so bringt es viele Frucht (Johannes 12,
23—24).*

Du hattest nichts mehr als das Kleid, das Du trugst,
Das behieltest Du, Deine Mutter hatte es Dir gewebt.
Aber auch das war noch zuviel.
Nur eines ist notwendig, Herr, Dein Kreuz.

Diesmal sind alle Hindernisse zwischen euch beiden gefallen,
Ihr könnt euch nun endlich für immer vermählen,
Und in erschütternder Vereinigung werdet ihr die Welt retten.

*

Herr, so muß ich alle diese Paradegewänder ablegen, die mich
    in meinem Leben hindern und mich vor Deinen Augen
    verbergen.
Dieses „Haben", das das Sein in mir erstickt und mich von
    den andern trennt.
Herr, so muß ich in meinem Leben allmählich alles abtöten,
    was Deinem Willen nicht getreulich entspricht.

Das tue ich nicht gern, Herr, denn das heißt: immer sterben.
Wie anspruchsvoll Du bist!
Ich gebe und Du beanspruchst noch mehr.
Ich möchte gern ein paar Nichtigkeiten behalten,
Einige Nichtigkeiten, die mir an der Haut kleben und bei
    denen ich mich nicht entschließen kann, sie Dir darzu-
    bringen.

. . . .

Aber wenn Du alles willst, Herr, nimm alles.
Entreiße Du selber mir das letzte Gewand;
Denn ich weiß wohl, daß man sterben muß, um das Leben
    zu gewinnen,
Wie auch das Weizenkorn verwesen muß, um uns die goldene
    Ähre zu schenken.

Mit Christus bin ich gekreuzigt. Nicht mehr ich lebe, sondern Christus lebt in mir. Sofern ich aber noch im Fleische lebe, lebe ich im Glauben an den Sohn Gottes, der mich geliebt und sich für mich dahingegeben hat (Galaterbrief 2, 19—20).

Herr, in Deiner ganzen Länge streckst Du Dich aus auf dem Kreuz.

Nun ist es geschehen,

Es paßt vollkommen.

Da ist nichts zu sagen, es ist für Dich gemacht.

Du füllst es ganz und gar aus, und damit Du ganz sicher daran festhaftest, läßt Du die Menschen Dich sorgfältig daran annageln.

Herr, das ist solide Arbeit, gewissenhafte Arbeit.

Jetzt deckst Du Dich genau mit Deinem Kreuz, wie die Medaille, die der Goldschmied bedächtig zurechtgefeilt hat, den Entwurf des Künstlers wiedergibt.

Du mußtest zu dieser Genauigkeit kommen.

Rühre Dich nicht mehr.

*

Herr, so muß ich meinen Leib, mein Herz, meinen Geist sammeln

Und meiner ganzen Länge nach mich ausstrecken auf dem Kreuz des gegenwärtigen Augenblicks.

Ich habe nicht das Recht, mein Leidensholz auszuwählen.

Das Kreuz ist bereit, und es entspricht genau meiner Größe.

Du stellst es mir jeden Tag vor, jede Minute, und ich muß es annehmen.

Herr, das ist nicht leicht; der gegenwärtige Augenblick ist so schmal, es ist unmöglich, sich auch nur umzudrehen.

Dennoch, Herr, werde ich Dich sonst nirgends treffen,

Denn nur dort wartest Du auf mich.

Und dort werden wir miteinander unsere Brüder erlösen.

---

*Er entäußerte sich selbst, nahm Knechtsgestalt an, wurde dem
Menschen gleich und ward im Äußeren als ein Mensch erfun-
den. Er erniedrigte sich selbst und wurde gehorsam bis zum
Tode, ja bis zum Tod am Kreuze (Philipperbrief 2, 7—8).*

*So müssen auch wir das Leben geben für unsere Brüder
(1. Johannesbrief 3, 16).*

Noch ein paar Stunden,
Noch ein paar Minuten,
Noch ein paar Augenblicke.
Dreiunddreißig Jahre dauert das nun.
Dreiundreißig Jahre, die Du voll Ernst gelebt hast, Minute
    für Minute.
Du kannst jetzt nicht mehr entlaufen; Du bist nun ganz am
    Ende Deines Lebens, ganz am Ende Deines Weges.
Bist an der äußersten Grenze, bist aufgehängt im Leeren.
Man muß den Schritt tun,
Den letzten Schritt der Hingabe,
Den letzten Schritt des Lebens, der in den Tod führt.

Du zögerst!
Drei Stunden, drei Stunden des Todeskampfes sind lang;
Länger als drei Jahre des Lebens,
Länger als dreißig Jahre des Lebens.

Herr, Du mußt Dich entscheiden, alles ist bereit,
Wenigstens äußerlich.
Du hängst da unbeweglich an Deinem Kreuz.
Es ist Dir gelungen, jedem andern Wirken zu sterben, um
    nur noch diese gekreuzten Hölzer zu umarmen, für die
    Du geschaffen bist.
Doch das Leben kreist immer noch in diesem angehefteten
    Leib.
Stirb doch, sterbliches Fleisch, beginnen soll Deine Ewigkeit!

Diesmal entflieht das Leben, es verläßt jedes Glied, eins um
das andere.
Es flüchtet sich, gehetzt durch den Tod, in dieses Herz, das
noch schlägt,
Unermeßliches Herz,
Überquellendes Herz,
Herz, schwer wie eine Welt, wie die Welt der Sünden und
der Elendigkeiten, die es trägt.

Herr, eine Anstrengung noch,
Die Menschheit ist da und wartet, ohne es zu wissen, auf den
Schrei ihres Erlösers.
Deine Brüder sind da, sie brauchen Dich.
Dein Vater beugt sich nieder und breitet schon die Arme aus.
Herr, rette uns!
Rette uns!
Sehet!
Er hat ergriffen, was ihm vom Leben verblieb.
Er hat sein schweres Herz ergriffen,
Und
Langsam,
Qualvoll,
Allein zwischen Himmel und Erde
In der schauerlichen Nacht,
Ein Narr,
Ein Narr aus Liebe,
Ließ er sein Leben emporsteigen,
Ließ er die Sünde der Welt emporsteigen
Bis an den Rand seiner Lippen,
Und in einem Schrei
Hat er alles hingegeben.
„Vater, in Deine Hände empfehle ich meinen Geist!"

*

Christus ist für uns gestorben.

*

Herr, hilf mir, für Dich zu sterben,
Hilf mir, für sie zu sterben.

Seine Mutter sagte zu ihm: Kind, warum hast du uns das ge-
tan? Siehe, dein Vater und ich haben dich mit Schmerzen ge-
sucht. Da sagte er zu ihnen: Warum habt ihr mich gesucht?
Wußtet ihr nicht, daß ich in dem sein muß, was meines Vaters
ist? (Lukas 2, 48—49.)

Dein Werk ist beendet,
Du kannst Dein Werkzeug aus der Hand legen,
Du kannst herabsteigen und Dich ausruhen, Du hast es wohl
    verdient.

Langsam gleitest Du herab wie ein Mann, der müde ist von
    seiner Arbeit und in Schlaf sinkt.
Deine Mutter nimmt Dich in ihre Arme.
„In welchem Zustand bist Du! Du bist unvernünftig, Du bist
    ja tot vor Müdigkeit!
Der Vater verlangte vielleicht doch nicht das alles von Dir."
Du aber ruhst in Frieden.
Auf Deinem ruhigen und entspannten Antlitz liegt es wie ein
    Leuchten der Freude, der Widerschein Deines ruhigen
    Gewissens.

Gewiß, Du hast Deiner Mutter Leid bereitet, aber sie ist stolz
    auf Dich;
„Schlaf nun, mein Kind, Deine Mutter wacht über Dich".

*

So schlafe ich jeden Abend am Ende meines Tagewerkes ein.
In welchen Zustand, Herr, habe ich mich manchmal gebracht!
Aber, ach, nicht immer bin ich im Dienste des Vaters müde
    und schmutzig geworden.
O Maria, wirst Du trotzdem jede Nacht über mich wachen
    wollen?

Mein Leib ist schwer von all seiner Unreinheit, aber mein
     Herz bittet um Verzeihung.
Vergiß es nicht, Du bist die Zuflucht der Sünder.

Heilige Maria, Mutter Gottes, bitte für mich armen Sünder.
Erwirke mir durch die Verdienste Deines Sohnes die Gnade,
     daß ich nie einschlafe, ohne die Vergebung unseres Vaters
     erlangt zu haben,
Damit ich jeden Abend in Deinen Armen ruhe und in Frieden
     sterben lerne.

---

*Ich will das an meinem Fleische ergänzen, was an den Leiden
Christi noch fehlt für seinen Leib, die Kirche (Kolosserbrief 1,
24).*

*Denn gleich wie die Leiden Christi sich reichlich über uns
ergießen, so strömt auch durch Christus reichlicher Trost auf
uns (2. Korintherbrief 1, 5).*

Nun sprechen wir nicht mehr davon.
Geht alle heim.
Er ist begraben, und der Stein ist aufgestellt.
Die Familie weint, die Freunde sind fortgegangen,
Diesmal ist alles aus.

*

Herr, es ist nicht aus.
„Du bist im Todeskampf bis zum Ende der Zeiten", ich
   weiß es.
Die Menschen lösen sich nacheinander auf dem Kreuzweg ab.
Die Auferstehung wird erst am Ende des Weltenlaufes voll-
   endet sein.
Ich bin auf dem Wege, ich habe meinen kleinen Anteil
   und die anderen haben ihren.
Miteinander verteilen wir in die Zeit das, was Du an Last
   auf Dich genommen hast, um es zu vergöttlichen.
Herr, das ist meine Hoffnung und mein unüberwindliches
   Vertrauen.
Es gibt nicht ein Teilchen meines kleinen Leidens, das Du
   nicht schon gelebt und in unendliche Erlösungsgnade
   umgewandelt hast.
Wenn der Weg auch hart und eintönig ist,
Wenn er auch zum Grabe führt,
Ich weiß, daß Du jenseits des Grabes in Deiner Glorie auf
   mich wartest.

Herr, hilf mir, treu meinen Weg zu durchschreiten und immer
auf dem mir bestimmten Platz zu bleiben in der großen
Menschheitsfamilie,
Hilf mir vor allem, Dich wiederzuerkennen und Dir zu helfen
in allen Brüdern, die mit mir auf der Pilgerfahrt sind;
Denn es wäre verlogen, vor Deinem Bilde zu weinen, wenn
ich Dir, dem Lebendigen, nicht nachfolgte auf dem Wege
der Menschen.

GTB Siebenstern
Andacht · Gebet · Meditation

Peter Helbich
Morgen ist auch ein Tag
Meditative Texte.
96 Seiten. Originalausgabe.
(GTB 360)

Jörg Zink
Er wird meine Stimme hören
Psalmen zum Alten und Neuen
Testament. 126 Seiten.
(GTB 361)

**Heute mit dem Gesangbuch
beten**
Eine Sammlung von Liedern,
hg. von Hans Graß.
128 Seiten. Originalausgabe.
(GTB 370)

Jörg Schlüter
Du hältst deine Hand über mir
Gespräche mit Gott.
80 Seiten mit zahlreichen Fotos.
Originalausgabe. (GTB 1007)

Das Buch will uns Mut machen,
vor Gott auszusprechen, was uns
wirklich bewegt. Es erhebt nicht
den Anspruch, auf alle Fragen, die
uns heute belasten, eine Lösung
anzubieten. Aber es möchte einen Weg zeigen und Möglichkei-
ten eröffnen, das Gespräch mit
Gott wieder als etwas sehr Schönes und Befreiendes zu erleben.

Wohin, Herr?
Gebete in die Zukunft.
Hg. von Drutmar Cremer.
160 Seiten. (GTB 1009)

»Wohin, Herr?« ist die Frage des
Menschen in der Gegenwart. Es
ist die Frage an die Zukunft. Be-
tende Menschen unserer Zeit
versuchen in diesem Buch diese
fragende Bewegung auf Gott zu,
die wir Gebet nennen.

Peter Karner
Weil der Himmel heiter ist
Guten-Tag-Geschichten.
80 Seiten. Originalausgabe.
(GTB 1015)

Daß der Himmel heiter sei, kann
nur bestreiten, wer nicht glaubt,
daß die Botschaft, die uns von
ihm kommt, eine frohe ist. Karner
nimmt diese Botschaft und die
Heiterkeit des Himmels so ernst,
daß seine Andachten fröhliche
Plaudereien sind.

036

Gütersloher Verlagshaus Gerd Mohn

GTB Siebenstern

GTB Siebenstern